Johannes Lehmann

3 PLUS 8
und mitgemacht

Unterhaltsame Mathematik

3. Auflage

Volk und Wissen
Volkseigener Verlag Berlin
1989

Lehmann, Johannes:
3 〈drei〉 plus 8 〈acht〉 und mitgemacht:
unterhaltsame Mathematik / Johannes Lehmann. —
3. Aufl — Berlin: Volk und Wissen, 1989. —
80 S.: III. — (Mathematische Schülerbücherei; 121)
NE: GT

ISBN 3-06-00 17 22-0

© Volk und Wissen Volkseigener Verlag Berlin 1984
3. Auflage
Lizenz Nr. 203 · 1000/89 (UN 00 17 22-3)
LSV 7842
Redaktion: Bettina Rosenkranz
Einband: Karl-Heinz Bergmann, Wolfgang Theiler
Typografie: Karl-Heinz Bergmann, Atelier vwv
Illustrationen: Horst Schrade, Wolfgang Theiler
Zeichnungen: Heinz Grothmann
Printed in the German Democratic Republic
Gesamtherstellung: Grafischer Großbetrieb Völkerfreundschaft
Dresden
Schrift: Gill 10/12 Monotype
Redaktionsschluß: 15. September 1988
Bestell-Nr. 707 857 7
00300

Inhalt

Stufe 1

Sicheres Grundwissen 7
Von Land zu Land 11
Unterhaltsame Geometrie. 13
Denksport 17
Spiel und Spaß 21

Stufe 2

Sicheres Grundwissen 25
Von Land zu Land 29
Unterhaltsame Geometrie. 33
Denksport 37
Spiel und Spaß 41

Stufe 3

Sicheres Grundwissen 45
Von Land zu Land 49
Unterhaltsame Geometrie. 53
Denksport 57
Spiel und Spaß 61

Lösungen 62

„Glaubst du nun, daß 8 geteilt durch zwei gleich 3 ist?"

Mathematische Begriffe

Waagerecht und senkrecht sind insgesamt 10 mathematische Begriffe versteckt. Suche sie!

E	T	P	O	P	A	S	U	M	M	E	F
S	F	P	S	R	T	A	O	I	K	T	D
F	A	K	T	O	R	M	S	N	R	D	I
M	R	S	K	D	E	I	M	U	S	I	F
O	T	E	E	U	M	A	U	E	E	V	F
S	O	I	S	K	A	N	T	N	O	I	E
U	S	O	A	T	S	K	A	D	M	D	R
S	U	S	U	M	M	A	N	D	T	E	E
D	I	V	I	S	O	R	V	I	R	N	N
I	K	Q	U	O	T	I	E	N	T	D	Z
S	U	B	T	R	A	H	E	N	D	E	F

1. Achtung! Zahlenschlangen!

2. Rechne!

a) $28 + 4 : 2 =$ *30*

b) $(28 - 4) : 2 =$ *12*

c) $(28 + 4) : 2 =$ *15*

d) $28 - 4 : 2 =$ *26*

3. Setze in die Kästchen die Rechenzeichen $<$, $>$ oder $=$ ein, so daß richtig gelöste Aufgaben entstehen!

a) $3 + 4 \boxed{<} 9 - 1$

b) $2 \cdot 9 \boxed{>} 9 : 3$

c) $16 - 5 \boxed{<} 3 \cdot 4$

d) $28 \boxed{=} 15 + 13$

e) $16 : 2 \boxed{=} 6 + 2$

f) $4 + 5 \boxed{<} 4 \cdot 5$

g) $2 \cdot 2 \boxed{=} 2 + 2$

h) $7 + 8 + 5 \boxed{<} 7 + (8 \cdot 5)$

4. Berechne von den Zahlen 9 und 3

a) die Summe,

b) das Produkt,

c) die Differenz,

d) den Quotienten!

5. Setze die Zahlwörter eins, zwei, drei und vier so in die Lücken ein, daß sinnvolle Wörter entstehen!

Run...se, Kl...tadt, Tannen...g, Kla...stunde

7

6. Fülle die Tabelle aus!

a	b	a : b	a + 2	2 · b	b − 5
24	8	3	26	16	3
6	6	1	8	12	1
20	5	4	22	10	0

7. Bilde richtig gelöste Gleichungen, in denen die Zahlen 4 und 8 vorkommen!

8. Subtrahiere vom Quotienten der Zahlen 16 und 2 die Zahl 8!

9. Bestimme m, n, s und z!

m = 35 − 17   n = m − 12

z = 2 · 4 · n   s = z : n

10. Welche Zeiten geben folgende Uhren an?

11. a) Rechne flink und sicher!   **b)** Rechne vorteilhaft!

f	f < 3
l	4 < l
i	2 + i < 6
n	10 − n > 8
k	9 · k < 35
s	7 · s + 2 < 30
i	42 > 5 · i > 19
c	c : 9 < 5
h	44 < 45 + 2 · h < 54
e	3 · (e + 4) < 16
r	48 < r < 52

7 + 3 + 3 + 7 =	v
27 − 5 + 3 − 5 =	o
29 + 17 + 11 − 19 =	r
27 + 27 + 27 =	t
36 − 6 − 6 − 6 − 6 =	e
3 · 3 · 5 · 2 =	i
7 · 8 − 3 · 8 + 8 =	l
72 : 8 + 7 · 8 − 65 =	h
(15 · 3) : 5 =	a
27 : (3 · 9) =	f
2 · 8 · 0 · 3 =	t

Prächtig bist du, großer Hecht,
Kommst zum Mittagsmahl grad recht.
Und im Nu hab' ich vergessen,
Wie oft ich hier umsonst gesessen.
Wieviel Tage sind's gewesen?
Am Fisch kannst du es selbst ablesen.

Magische Quadrate

2	9	4
7	5	3
6	1	8

Bild 1

25	4	19
	16	

Bild 2

1		11	14
12	13	2	7
		3		9
15		5	4

Bild 3

Sicher kennst du das magische Quadrat, das in Bild 1 dargestellt ist.
Die Summe der drei Zahlen in jeder Reihe, jeder Spalte und jeder
großen Diagonale ist gleich. Prüfe das nach!
Ergänze im Bild 2 die kleinen Quadrate so, daß die Summe der
Zahlen jeder Reihe, jeder Spalte und jeder Diagonale gleich ist!
Verfahre im Bild 3 ebenso!

Wieviel Dachziegel fehlen in dem kleinen Haus?

Das Spiegelbild

Der Hahn betrachtet sich im Spiegel. Ist es wirklich sein Spiegelbild? Wieviel Unterschiede entdeckst du?

Rechne!

Wie alt ist Vater Timo?

Male aus!

Die beiden Randleisten geben an, wie die leeren Felder auszufüllen sind.

1. Ordne zu!

2. Danila kauft vier Schreibblöcke für je 3 Dinar (algerische Währungseinheit).
Wieviel Bleistifte zu je 2 Dinar kann sie noch kaufen, wenn sie 20 Dinar vom Vater erhielt?

3. Muhammad fragt seine Schwester Ami: „Wie schwer ist der Korb mit Datteln?" Wie muß die Antwort lauten?

4. An der Tafel stand geschrieben:

$$25 + 17 + \quad + 12 + \quad + 18 = 100$$

Welche beiden gleich großen natürlichen Zahlen fehlen an der Stelle der Flecken?

5. Wer hat gewonnen?

Silva Augenzahl	⚀	⚁	⚂	⚃	⚄	⚅
Anzahl der Würfe	II	III	I	I		III

Angelo Augenzahl	⚀	⚁	⚂	⚃	⚄	⚅
Anzahl der Würfe	I	III		IIII		II

6. Peter soll nicht mehr als 7 kg auf einmal nach Hause tragen. Die Mutter kauft 5 kg Kartoffeln, 2 kg Zwiebeln, 3 kg Tomaten und 1 kg Obst.

Welche der eingekauften Waren könnte Peter nach Hause tragen?

7. Bestimme z!

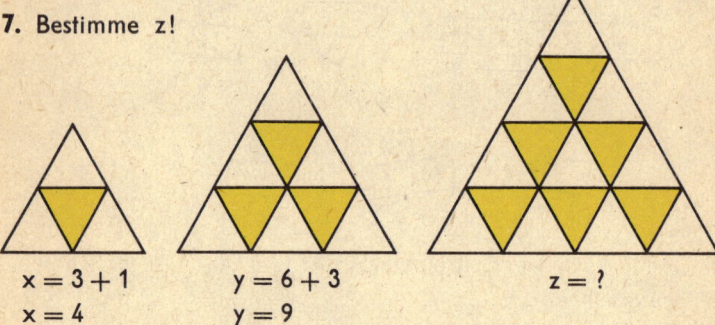

$$x = 3 + 1 \qquad y = 6 + 3 \qquad z = ?$$
$$x = 4 \qquad\qquad y = 9$$

8. Die Entfernung vom Haus bis zum Baum beträgt 56 Meter. Die Entfernung vom Baum bis zum Brunnen ist 36 m kürzer.

Wie weit ist der Brunnen vom Haus entfernt?

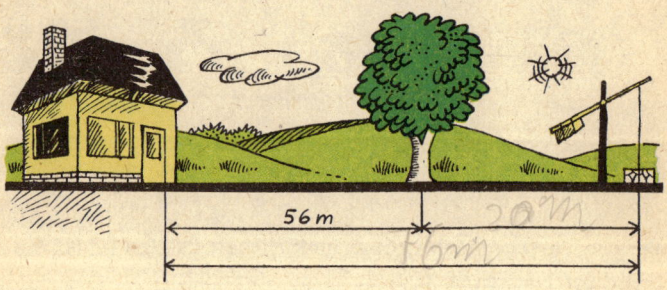

56 m

9. Erfülle die Programme!

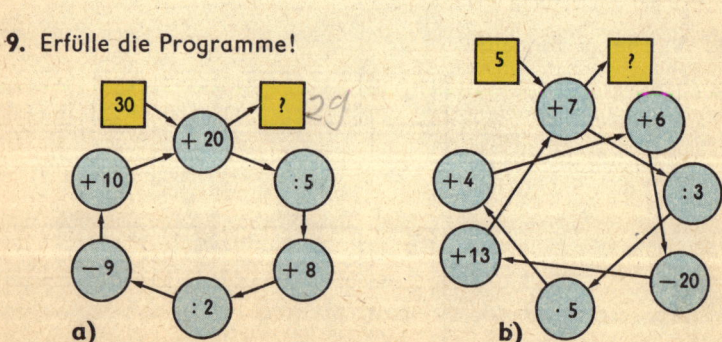

a)

b)

12

1. Wieviel Mauerziegel werden noch benötigt, um die Wand hochzumauern?

2. a) Zeichne eine Gerade h, die parallel zu der Geraden g verläuft und durch den Punkt A geht!

b) Zeichne durch die Punkte B und C Geraden b und c, die senkrecht auf der Geraden g stehen!

3. Drehe das Buch um, und betrachte erneut die Figuren! Was stellst du fest?

4. Beim Verlegen von 16 Fliesen kann man verschiedene rechteckige Muster legen, z. B.

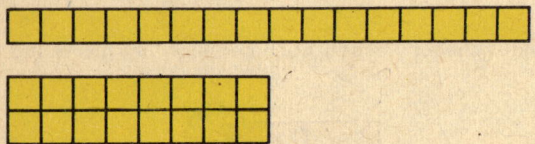

Wieviel verschiedene Rechteckmuster kann man
a) aus 12 Fliesen, **b)** aus 13 Fliesen, **c)** aus 14 Fliesen legen?

5. Welche beiden Bälle passen genau in die beiden Schachteln?

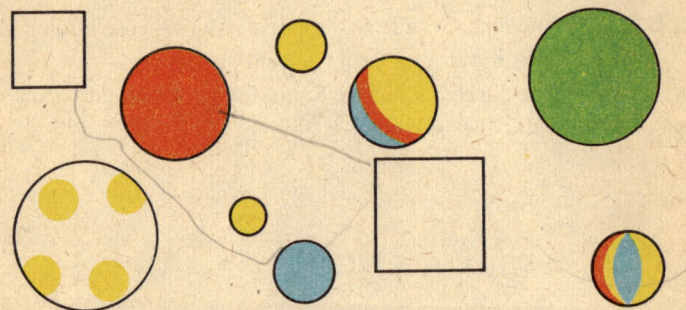

6. Zeichne ein Rechteck, und halbiere seine Fläche! Welche verschiedenen Figuren können dabei entstehen?

7. Bezeichne die Eckpunkte des Dreiecks mit A, B, C, des Rechtecks mit D, E, F, G und des Parallelogramms mit K, L, M, N, und miß die Längen der entstandenen Strecken!

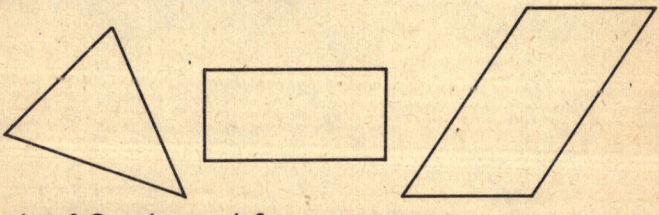

8. Zeichne 3 Geraden so, daß
a) 0 Schnittpunkte entstehen, **b)** 1 Schnittpunkt entsteht,
c) 2 Schnittpunkte entstehen und **d)** 3 Schnittpunkte entstehen!

14

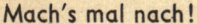

Mach's mal nach!

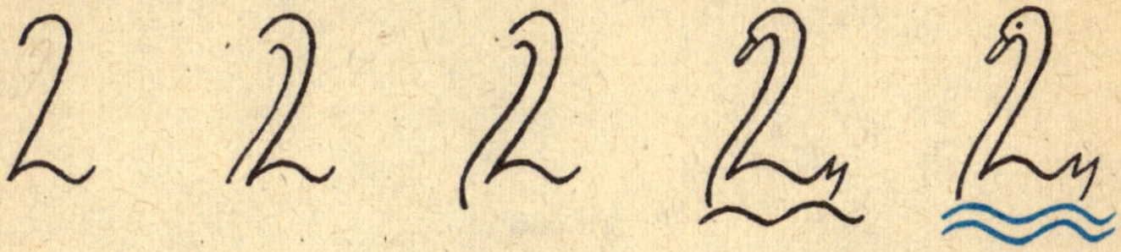

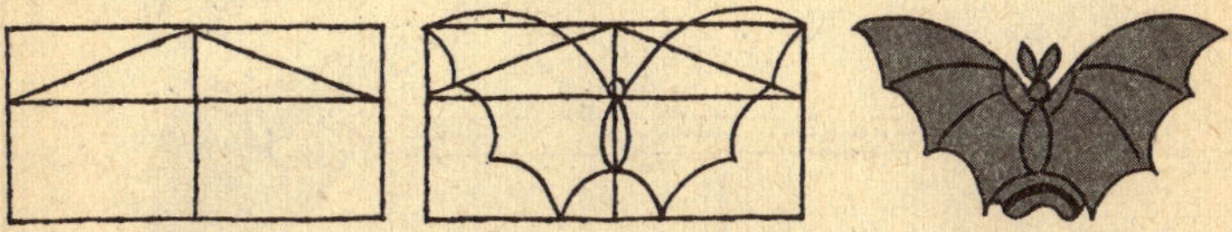

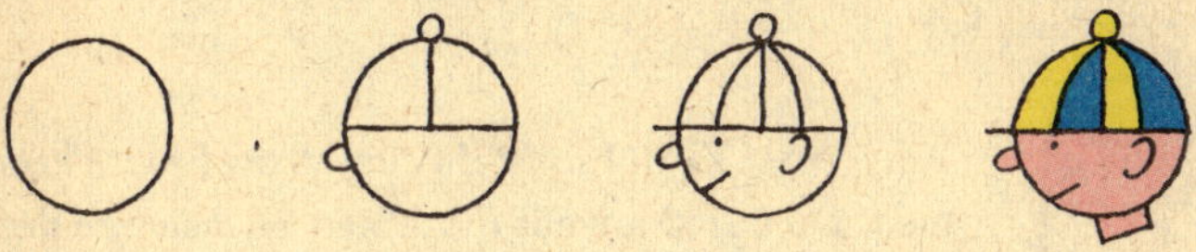

Fertige dir diese beiden Figuren aus Pappe an! Dann zerschneide sie, wie es in den beiden Bildern zu sehen ist! Nun versuche, sie wieder zu einem Fünfeck und zu einem F zusammenzusetzen! Aber: So einfach ist das nicht.

Rätsel

Z	E	H	N
R	A	U	M

Vom Wort ZEHN sollst du zum Wort RAUM kommen. Du darfst jeweils nur einen Buchstaben des voranstehenden Wortes verändern.

Logisch

Suche aus den 4 auf jedem Bild dargestellten Teilen dasjenige heraus, das nicht zu den anderen gehört!

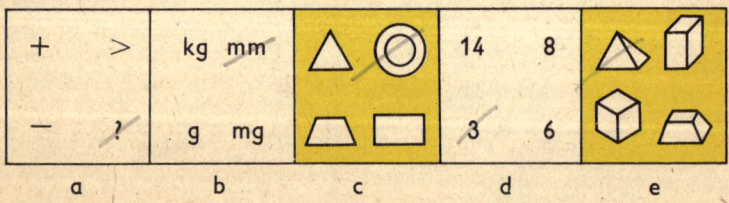

a   b   c   d   e

1. Der sechsjährige Karsten soll nachts 11 Stunden schlafen. Wann muß er am Abend ins Bett gehen, wenn er um 6 Uhr geweckt wird?

2. Ein Dreigespann von Pferden (genannt Troika) lief in einer Stunde 12 km. Wieviel km lief ein Pferd in einer Stunde?

3. Eine über 2 000 Jahre alte chinesische Aufgabe lautet:
Auf dem Panzer einer Schildkröte siehst du ein magisches Quadrat. Setze die Zahlen 1 bis 9 so ein, daß waagerecht, senkrecht und diagonal jeweils die Summe 15 erscheint!

4. In einer Klasse können 20 Schüler radfahren. 8 Schüler können schwimmen und radfahren. Wieviel Schüler der Klasse können radfahren, aber nicht schwimmen?

5. Denke dir eine Zahl zwischen 0 und 10! Verdopple sie! Addiere zu dem Ergebnis 3! Multipliziere die erhaltene Zahl mit 4, und subtrahiere vom Produkt 12! Dividiere das Ergebnis durch die gedachte Zahl! Das Ergebnis heißt stets 8.
Mache die Probe!

6. Betrachte das Bild und überlege, wie die Figuren 3 und 7 aussehen müssen!

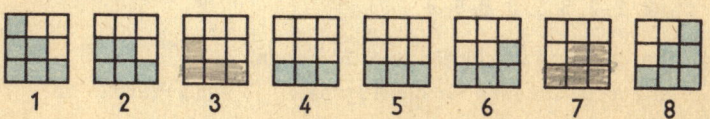

| 1 | 2 | 3 | 4 | 5 | 6 | 7 | 8 |

7. Fünf Freunde wohnen in diesen Häusern. Helmut und Monika haben jeder nur einen Nachbarn. Luise ist zwischen Hans und Helga zu Hause. Dagegen wohnen Hans und Helmut nicht nebeneinander. Helgas Hausnummer ist niedriger als Monikas.
Wer wohnt in welchem Haus?

8. Mit P ein Wert der Ware, mit G zählt's viele Jahre, mit K hat's niemals Spitzen, Ecken — nun such die Lösung zu entdecken!

9. Zwei Väter und zwei Söhne verlassen eine Stadt. Diese Stadt hat dadurch drei Einwohner weniger als zuvor.
Wie ist das möglich?

10. Zeichne die Strichmännchen in der Reihenfolge weiter, wie es angegeben ist! Wie sieht jeweils das 13. und wie das 20. Strichmännchen aus?

11. Von den folgenden 9 Zahlen sind 5 zu streichen, so daß die Summe der übrigen Zahlen 20 beträgt.

2, 2, 2, 5, 5, 5, 8, 8, 8

12. Ein Wurf mit 3 Würfeln zeigt 13 Augen.
Gib alle Möglichkeiten für die Augenzahl 13 mit 3 Würfeln an!

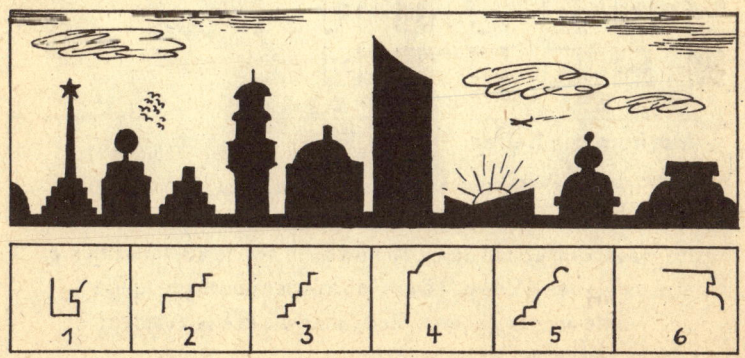

Erik soll eine Wäscheleine ziehen. Zwischen den 5 Wäschepfählen sollen 8 Stränge gezogen werden.
Wie würdest du vorgehen?

Das ist die Silhouette einer Stadt. Die sechs Ausschnitte zeigen Teile der Abbildung. Welche sind richtig?

Ein Kater träumt von 13 Mäusen, die im Kreis um ihn herumtanzen. Zwölf Mäuse sind grau und eine ist weiß. Da hört der Kater eine zarte Stimme: „Lieber Kater, du darfst jede 13. Maus fressen, wenn du sie im Uhrzeigersinn im Kreis herum abzählst und als letzte Maus die weiße zum Fressen bleibt." Mit welcher Maus muß der Kater beginnen, wenn er zu einem guten Schmaus kommen will?

Bilde Dreiergruppen!
(Zum Beispiel: $28 : 7 = 4$; $40 - 12 = 28$; $5 \cdot 8 = 40$; …!)

3	2	7	5	40	28
6	8	9	4	12	27

Mathematik heiter

Ein Einwohner aus der bulgarischen Stadt des Humors —Ga-browo — kam in ein Hotel. „Wieviel kostet ein Zimmer?" fragte er. „Im ersten Stock 10 Lewa, im zweiten 8, im dritten 6 und im vierten 4 Lewa." Der Gabrowoer überlegte lange und wollte wieder gehen. „Sind Ihnen die Preise zu hoch?" „Nein, das Hotel ist zu niedrig."

1. Wer würfelt die größte Summe? Jede der sechs Flächen von zwei größeren Spielwürfeln wird mit einer der Ziffern 4, 5, 6, 7, 8 und 9 beklebt. Jeder Spieler hat einen Wurf. Er nennt „seine Gleichung", zum Beispiel $7 + 9 = 16$. Nach jeder Runde wird festgestellt, wer die größte Summe erwürfelt hat. Notiert man den Sieger jeder Runde, kann am Ende der Gesamtsieger ermittelt werden.

2. Die 9 Knöpfe bilden 8 Dreierreihen, nämlich drei waagerechte, drei senkrechte und zwei diagonale Reihen. Die Knöpfe sind nun so anzuordnen, daß drei Viererreihen entstehen.

3. Wer von 30 Spielsteinen den letzten wegnimmt, hat gewonnen! 30 Spielsteine (Pfennige, Knöpfe, Papierscheiben, ...) werden auf den Tisch gelegt. 2 Spieler nehmen abwechselnd eine beliebige Anzahl von Steinen weg. Man darf aber höchstens 6 Steine auf einmal wegnehmen! Sieger ist derjenige, der den letzten Stein wegnimmt.

4. Schiebefax: Bastle dir ein 3×3-Quadrat und fertige 8 Kärtchen mit den Zahlen 1 bis 8 an! Lege diese wahllos auf das Spielfeld (Bild links)! (Allerdings: die Mitte bleibt frei.) Nun schiebe die Kärtchen so lange, bis die Zahlen in der Reihenfolge: 1, 2, 3 ..., 7, 8 zu liegen kommen!

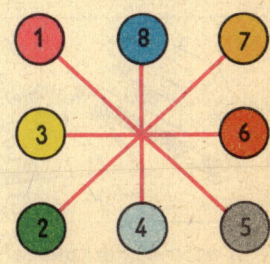

Das Bild rechts zeigt eine vereinfachte Form des Schiebefax.

5. Die gute Sieben: Jeder Spieler bekommt acht Hölzchen, Knöpfe oder ähnliches und ein Blatt Papier. Darauf zeichnet er zwölf gleich große Quadrate und numeriert sie. Nun wird reihum mit zwei Würfeln gespielt. Hat jemand zum Beispiel eine Vier gewürfelt, so darf er eines seiner Hölzchen in das entsprechende Quadrat legen. Befindet sich schon eins darin, so darf nicht nur kein neues dazugelegt, sondern muß auch das bereits dort liegende weggenommen werden. Wer jedoch eine Sieben würfelt, kann in einem beliebigen Quadrat ein Hölzchen ablegen. Sieger ist, wer als erster alle seine Hölzchen untergebracht hat.

6. Jeder der zwei Spieler erhält zwei gleiche Steine. Sie werden abwechselnd gesetzt. Beim Ziehen versuchen die beiden Spieler, ihre Steine so in Stellung zu bringen, daß der andere seine Steine nicht mehr bewegen kann. — Auf unserer Zeichnung kann der Spieler mit den dreieckigen Steinen nicht mehr weiter. Versucht es auch einmal!

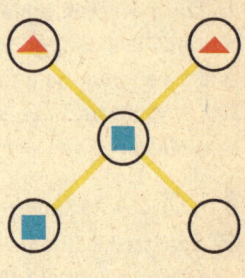

7. Auf welchen Parkplatz darf das Auto? Auf kleine Rechtecke aus Pappe oder Zeichenpapier wird je eine der folgenden — oft falsch gelösten — Aufgaben geschrieben:
16 — 9, 15 — 8, 13 — 8, 17 — 9, 14 — 7, 14 — 9, 11 — 6, 13 — 6, ...
8 + 9, 5 + 9, 8 + 7, 7 + 6, 8 + 6, 6 + 9, 7 + 8, 4 + 9, ...
Die Rechtecke werden wie bei einem Parkplatz angeordnet. Kleine Spielzeugautos erhalten Nummern, zum Beispiel:

Auf welche „Parkplätze" dürfen sie? (Als „Beweis" muß die Gleichung genannt werden.)

Eine 200 Jahre alte Aufgabe: Auf einer alten Burg haben 5 Wachposten 5 Pulvertürme zu bewachen. Die Posten haben ihren Standort in den Schilderhäuschen und machen von Zeit zu Zeit die Runde. Jeder geht zu dem Turm, dessen Nummer mit der Nummer seines Standortes übereinstimmt. Dabei sollen sich aber keine der Wege kreuzen. Wie müssen die Wachposten gehen?

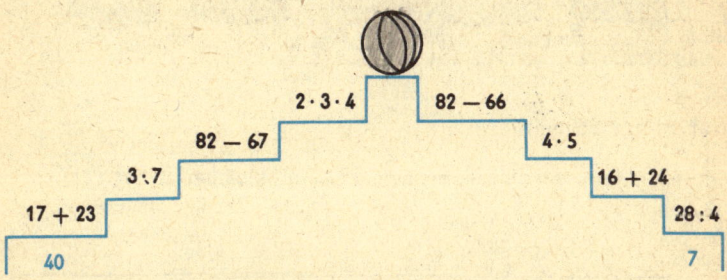

Zwei Spieler lösen die auf den Treppen gestellten Aufgaben und schreiben das Ergebnis jeweils darunter.
Wer zuerst fertig ist, darf den Ball bunt ausmalen.

Wer ist der Schnellste?

Addiere oder subtrahiere, bis eine Zahl mit gleichen Ziffern erscheint!

s	$= 74 + 37 + 37 + \ldots$
c	$- 141 + 69 + 69 +$
h	$= 6054 + 789 + 789 + \ldots$
n	$491 - 76 - 76 - \ldots$
e	$= 1240 - 287 - 287 - \ldots$
l	$= 56 + 49 - 58 + 49 - 58 + \ldots - \ldots$
l	$= 153 - 74 + 97 - 74 + 97 - \ldots + \ldots$
e	$= 1245 + 796 - 837 + 796 - 837 + \ldots - \ldots$
r	$= 19 + 9 + 8 + 7 - 6 - 5 - 4 + 9 + 8 + 7 - 6 - 5 - 4 + \ldots$

1. Rechne sicher!

r	= 376 — 299
e	= 418 + 217 + 304
c	= 3200 : 8
h	= 175 · 5
n	= 96 — 4 · 9 + 40
e	= 72 : 8 + 91 — 100

s	= 12 · 7 + 96
i	= 12 · (3 + 7)
c	= 12 + 3 · 7
h	= 8 · 9 — 7 · 6
e	= 2 · 9 · 5 · 2
r	= 12 : 6 · 0

2. Eine unterhaltsame Knobelaufgabe aus dem Jahre 1830:
Wie schreibt man mit Ziffern: Zwölf Tausend zwölf Hundert und
zwölf?

3. Wieviel Jahre sind 1984 vergangen, seit
a) der Erfindung der Dampfmaschine (1764);
b) der Erfindung des Benzinmotors (1877);
c) der Erfindung der drahtlosen Telegrafie (1895);
d) der ersten Atomkernspaltung (1938);
e) dem ersten Weltraumflug eines Menschen (1961);
f) dem ersten Fahrrad der heutigen Form (1879)?

4. Noch eine Aufgabe aus dem Jahre 1830:
Auf der Wiese saß Dein Mühmchen
Und pflückte da Blümchen.

    1 für Lorchen,
    2 für Dorchen,
    4 für Riekchen,
    8 für Fiekchen,
    16 für Pinchen,
    32 für Minchen,
    64 für Dich,
    128 für sich.
Sag' mir schnell,
wieviel Blümchen
pflückte dein Mühmchen?

5. Fülle die Tabelle aus!

e	c	2e + c	(e − c) · 2	e · c	e : c	27 − e
16	4					
25	5					
	1	9				

6. Rechne um!

Einheit	nächstklei- nere Einheit	Einheit	nächsthöhere Einheit
3 kg	3000 g	4 000 m	
22 cm		1 700 g	
6 min		180 s	
1 h		48 h	

7. Die Bilder zeigen verschiedene Armbanduhren.
Zeichne die fehlenden Zeiger und die fehlenden Ziffern ein!

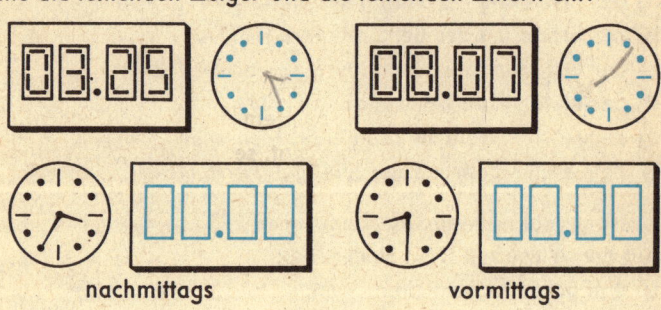

nachmittags   vormittags

8. a) Vervollständige die Ziffern von 0 bis 9!

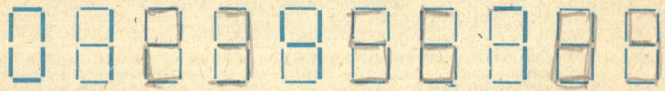

b) Zeichne die Zeitangabe so, wie man sie bei einer Digital-
anzeige sehen würde!

2.39 Uhr   13.17 Uhr   7 h 6 min 35 s

Zahlwörter

Wieviel Zahlwörter stecken in dem Satz:
Ein Seehund reißt ganz weit das Maul auf, zeigt die Zähne und sagt:
„Gute Nacht"!?

Suche!

Jeweils drei der Zahlen 6, 4, 3 und 2 sind so in die acht Reihen einzusetzen, daß richtig gelöste Aufgaben entstehen.

$$\bigcirc + \bigcirc - \bigcirc = 0 \qquad \bigcirc - \bigcirc + \bigcirc = 5$$
$$\bigcirc + \bigcirc - \bigcirc = 1 \qquad \bigcirc + \bigcirc - \bigcirc = 7$$
$$\bigcirc + \bigcirc - \bigcirc = 3 \qquad \bigcirc + \bigcirc - \bigcirc = 8$$
$$\bigcirc + \bigcirc - \bigcirc = 4 \qquad \bigcirc + \bigcirc + \bigcirc = 9$$

Quadrate

Suche im rechten Bild drei kleine Quadrate (2 mal 2 Felder), deren
Summe 13 beträgt, und außerdem ein magisches Quadrat (3 mal 3
Felder), dessen Summe waagerecht, senkrecht und diagonal 15 be-
trägt!

5	2	8	1	6	5	3	1
1	4	3	5	7	1	6	4
8	3	4	9	2	2	3	2
2	4	3	1	5	8	2	6
7	1	5	8	2	3	5	1
5	2	7	5	1	9	1	4
1	9	1	2	5	4	6	3
3	2	4	5	2	3	5	1

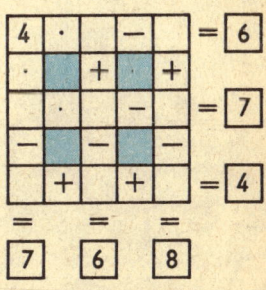

Setze im linken Bild einstellige Zahlen so in die leeren Felder ein,
daß sowohl waagerecht als auch senkrecht richtig gelöste Aufgaben entstehen!

Ein Tourist will durch den Park gehen, ohne einen Weg zu kreuzen oder zweimal zu benutzen. Wie muß er laufen?

Ein Indianer und ein Lama sind versteckt. Wo findet man sie?

1. Ein Kleinbus der Linie Athen — Larissa fährt mit 5 Fahrgästen. Wieviel Drachmen (griechische Währungseinheit) kassiert der Fahrer, wenn der Fahrpreis für eine Person 72 Drachmen beträgt?

2. Bestimme die Größe der einzelnen Flächen, und ordne sie der Größe nach!

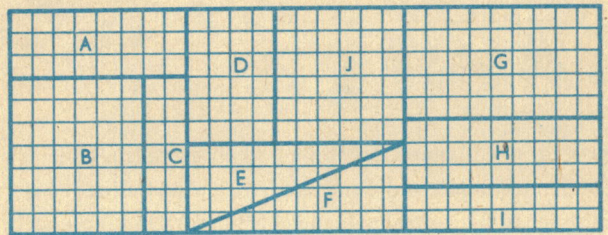

3. a) Wie lange dauert es noch, bis der Expreßzug nach Wien abfährt?

b) Wie lange dauert es bis zur Abfahrt der anderen Züge?

c) Wie lange dauert es bis zur Ankunft des Eilzuges aus Salzburg?

d) Durch ein Unwetter hat der Zug aus Graz 45 Minuten Verspätung.
Um welche Zeit ist mit der Ankunft zu rechnen?

4. Beobachtungen haben ergeben, daß Känguruhs im Durchschnitt 60 km pro Stunde für längere Zeit laufen können.
Wie lange brauchen sie z. B., um bei großer Trockenheit eine 150 km entfernte Wasserstelle zu erreichen?

5. Herr Krause will eine Längsseite und eine Breitseite seines rechteckigen Grundstückes, auf dem sein Wochenendhäuschen steht,
mit Hainbuchen begrenzen. Das Rechteck ist 16 m lang und 12 m
breit. Arbeiter der Baumschule Immergrün setzen auf 2 Meter
4 Pflanzen. Wie viele Setzlinge werden benötigt?

6. Astri und Atle gehen mit ihren Eltern einkaufen. Sie kaufen gemeinsam: Ein Paar Ski mit Skistöcken, ein Paar Langlaufschuhe,
ein Paar Eiskunstlaufschuhe, zwei Paar Abfahrtstiefel und einen
Transportschlitten. Wieviel Kronen (schwedische Währungseinheit)
kostet diese Winterausrüstung?

Ornamente

Vervollständige dieses Ornament!

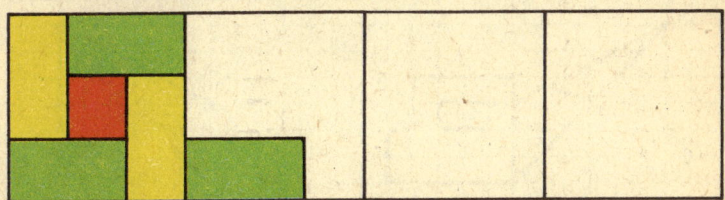

Begriffe

Vor die folgenden Bruchstücke von Worten ist jeweils das Zahlwort für eine natürliche Zahl zu setzen, so daß sinnvolle Begriffe entstehen. Wenn nun a die Summe der unter A eingefügten, b die Summe der unter B eingefügten Zahlen ist, was ergibt dann die Differenz a—b?

A: ...füßler, ...fingerdarm, ...schläfer, ...zack, ...baum,

... bahnstraße, ...klang

B: ...meilenstiefel, ...schönchen, ...sprung, ...meter,

...tagsfliege, ...käsehoch

Kreuzzahlrätsel

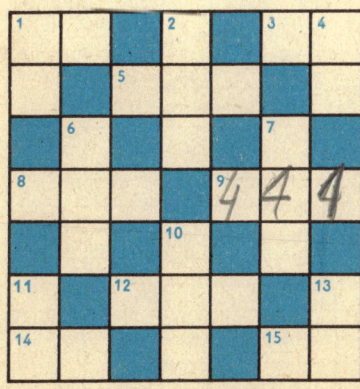

Waagerecht: (1) 4 · 7;
(3) 80 — 8 · 6; (5) 670 — 181;
(8) 550 — 258; (9) 286 + 175;
(12) 412 — 213; (14) 2 · 2 · 2 · 2;
(15) 8 · 5
Senkrecht: (1) 4 · 6;
(2) 153 + 127; (4) 3 · 3 · 3;
(6) 99 + 99; (7) 511 — 142;
(10) 253 — 54; (11) 7 · 3;
(13) 210 : 7

Zeichne die Spiegelbilder!

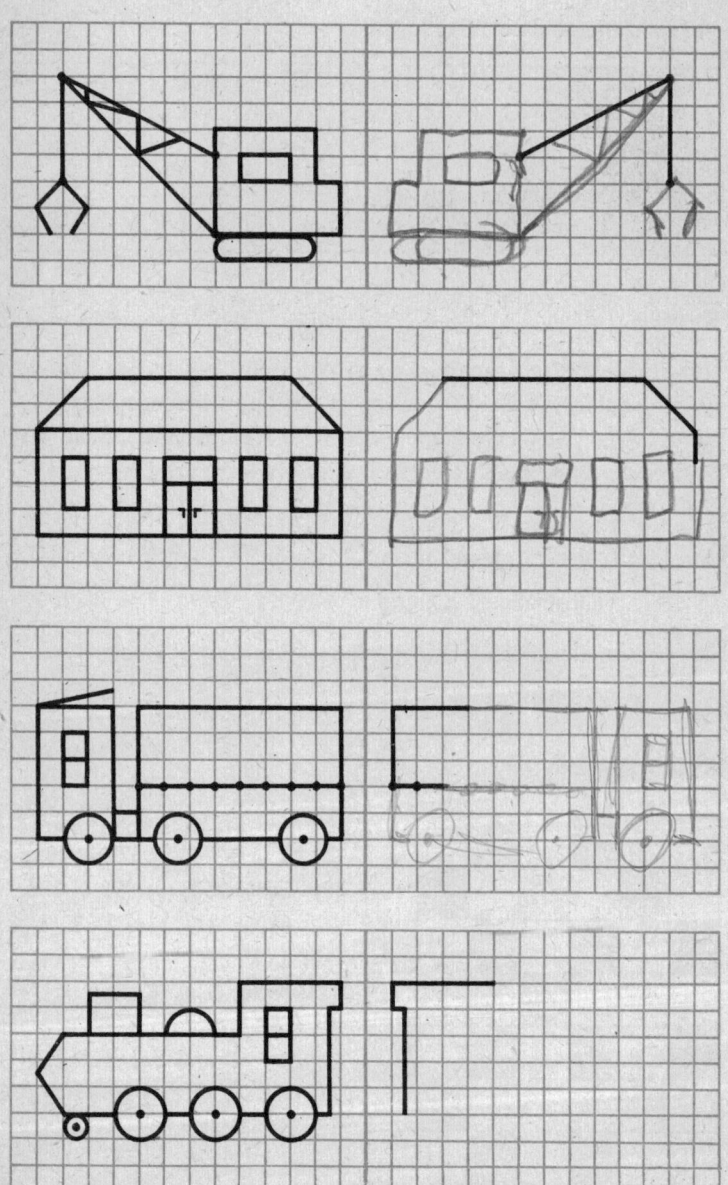

1. Stelle dir einen Turm vor, der aus würfelförmigen Bausteinen besteht! Er steht auf dem Tisch. Es sind 25 Quadrate von allen Seiten und von oben zu sehen. Aus wieviel Würfeln besteht der Turm?

2. Beschreibe die folgende Figur!
Verwende unter anderem die Fachwörter:
„. . . liegt auf . . .", „. . . geht durch . . .", „. . . ist parallel zu . . .",
„. . . liegt zwischen . . . und . . .", „. . . liegt nicht auf . . .",
„. . . ist nicht parallel zu . . .", „. . . geht nicht durch . . ."!

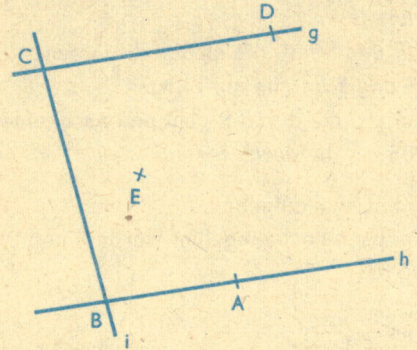

3. Vergleiche die roten mit den gelben Flächen!
Was stellst du fest?

4. Zeichne zwei parallele Geraden! Lege auf einer Geraden eine Strecke $\overline{AB}$ fest und auf der zweiten Geraden eine ebenso lange Strecke $\overline{CD}$! Vervollständige die Zeichnung so, daß ein Parallelogramm entsteht!

5. In der Zeichnung befinden sich die Linien g und h sowie die Punkte A, B, C, D, E, F, G und H.

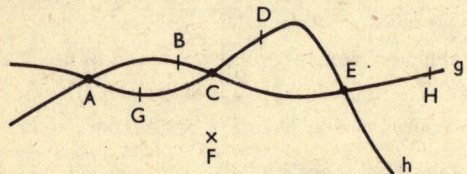

Gib die Menge aller gekennzeichneten Punkte an, die

    a) auf g liegen,   **c)** auf g und h liegen,

    b) auf h liegen,   **d)** weder auf g noch auf h liegen!

6. Geometrie—Diktat:

    a) Zeichne eine Gerade t!

    b) Lege zwei Punkte R und S fest, die nicht auf t liegen!

    c) Gib zwei Punkte E und F an, die auf t liegen!

    d) Zeichne eine Gerade s, die durch R geht und t schneidet!

    e) Zeichne eine Gerade u, die durch F geht!

7. a) Wie viele Würfel sind hier aufgebaut?

    b) Wie viele Würfel müssen noch eingefügt werden, damit der Quader vollständig ist?

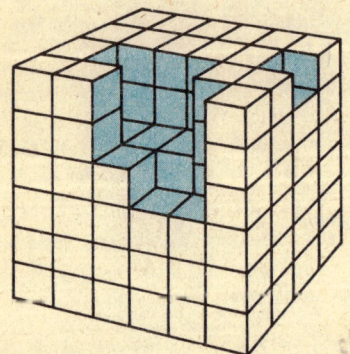

8. Zeichne eine Gerade a und eine Gerade b, die die Gerade a senkrecht schneidet! Den Schnittpunkt bezeichne mit M! Nun zeichne um M einen Kreis mit dem Radius 2 cm! Es entstehen vier Schnittpunkte. Um diese Schnittpunkte zeichne ebenfalls je einen Kreis mit einem Radius von 2 cm!

Gelangt der Käfer zur Blume, wenn er weiter auf dem Band entlang spaziert, oder endet sein Weg auf der Rückseite des Bandes?

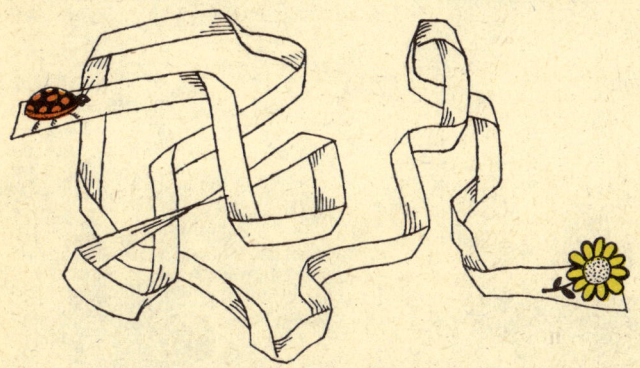

Hier sind nur zwei Geraden parallel. Findest du sie?

Gib jeweils an, aus welchen drei Teilfiguren man die Ausgangsfigur zusammensetzen kann!

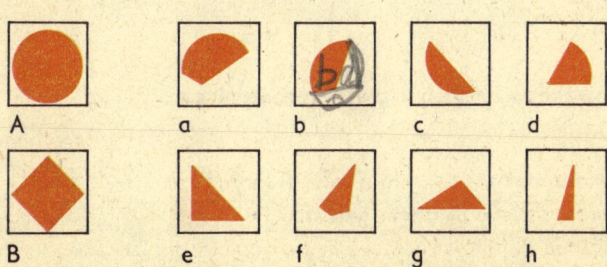

Suche!

Der Vierte im Bunde fehlt. Wer ist es, und wo hat er sich versteckt?

Quadrate

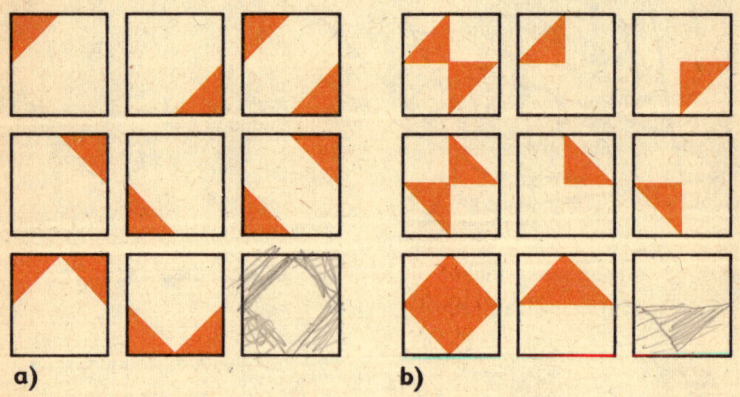

a)

b)

Setze die passenden Zeichen in die leeren Quadrate!

Zeit

Sabine, Silvia und Anne benötigen vom Bahnhof zur Schule zwölf
Minuten, wenn sie jeweils allein gehen.

Wieviel Minuten benötigen sie, wenn sie gemeinsam gehen?

36

1. Auf einem schmalen Bergpfad treffen sich vier Wanderer, zwei kommen von links, zwei von rechts. Es gibt nur eine Stelle, an der jeweils einer der vier ausweichen kann.
Wie kommen sie so aneinander vorbei, daß jeder von ihnen seine Wanderung in gewünschter Richtung fortsetzen kann?

2. Von drei Ringen, die äußerlich gleich aussehen, möge ein Ring schwerer sein als die beiden anderen.
Wie findet man diesen mit Hilfe einer einzigen Wägung auf einer gewöhnlichen doppelschaligen Waage?

3. Im Mathematikkabinett haben sich von dieser Anschauungstafel einige Buchstaben gelöst. Klebe sie an die richtige Stelle!

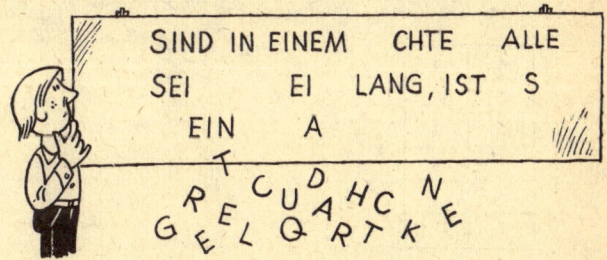

4. Vier Mädchen sollen sich in einer Sportgruppe der Größe nach aufstellen. Es ist bekannt: Anne ist kleiner als Britta, Doris ist kleiner als Christa, Britta ist kleiner als Doris, und Christa ist größer als Anne.
In welcher Reihenfolge müssen sich die Schülerinnen aufstellen?

5. Betrachte gründlich die auf dem linken Bild zu sehenden drei farbigen Kannen! Decke sie dann ab! Suche nun die gleichen unter den 14 Kannen auf dem rechten Bild!

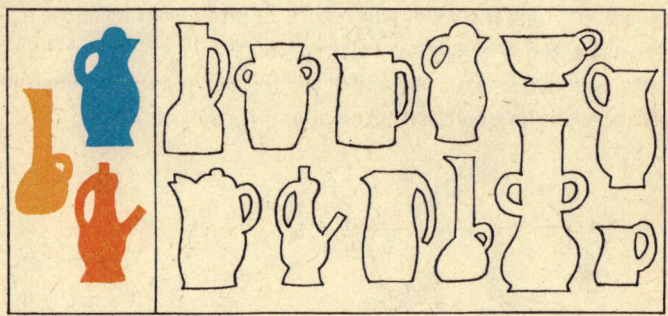

6. Als eine Wandergruppe über ihre in den letzten Jahren durchgeführten Ferienreisen berichtet, stellt sich folgendes heraus: 13 Mitglieder dieser Gruppe waren schon einmal an der Ostsee, 15 Mitglieder waren schon einmal im Harz, 6 Mitglieder waren schon einmal an der Ostsee und im Harz, 4 Mitglieder waren bisher weder an der Ostsee noch im Harz.
Ermittle die Anzahl aller Mitglieder, die dieser Gruppe angehören!

7. Achtmal die 4 eingesetzt, soll die Summe 500 ergeben!.

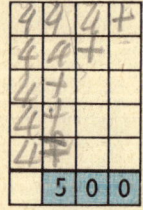

8. Katrin, Bärbel und Irmgard sind im Alter jeweils ein Jahr auseinander. Katrin ist die Älteste, Irmgard die Jüngste. Insgesamt sind sie 27 Jahre alt. Wie alt ist Bärbel?

9. Kann man, wenn es um Mitternacht regnet, 96 Stunden später sonniges Wetter erwarten?

Was soll bloß mal aus dem werden?

In diesem Bild gibt es eine bestimmte Form der Anordnung.
Finde sie und fülle die leeren Felder!

Hasen

Die Hasen 1, 2, 3 und 4 möchten gern zu den Kohlköpfen hüpfen.
So einfach ist das nicht, denn die 3 Jäger passen auf und wollen sie
erlegen. Diese Stellen müssen die Hasen also meiden.
Bedingung: Jeder Hase muß mindestens 3 Sprünge machen.
Gesprungen wird waagerecht oder senkrecht, dabei wird immer
ein Feld übersprungen. Ein einmal von einem Hasen berührtes Feld
darf nicht mehr betreten werden. Wie können die Hasen hüpfen?

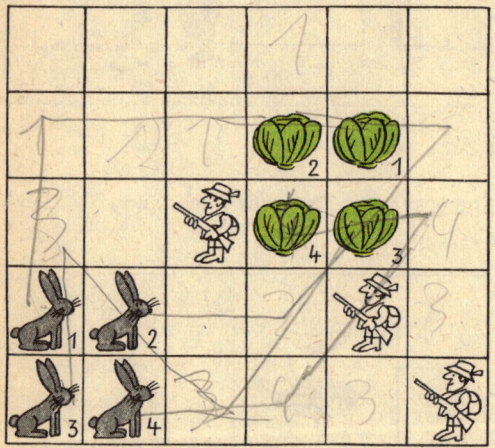

Hölzchen

Aus 10 parallel nebeneinander liegenden Hölzchen sollen durch
nacheinanderfolgendes Umlegen von 5 Hölzchen 5 gekreuzte Hölz-
chenpaare gebildet werden.
Bedingung ist, daß stets nur zwei Hölzchen übersprungen werden
dürfen, wobei ein schon fertig gelegtes Paar natürlich auch als zwei
Hölzchen zählt.

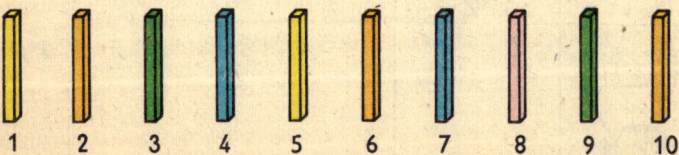

1. Übertrage die vier vorgegebenen Figuren auf ein Stück Transparentpapier und schneide sie aus! Es ist möglich, aus den vier Figuren ein Quadrat zu legen. Man kann aber auch aus ihnen ein gleichseitiges Dreieck zusammensetzen. Probiere es!

2. Rechts liegen drei schwarze Knöpfe, links liegen drei weiße Knöpfe, und ganz links ist ein freies Feld. Nun sollen die schwarzen und die weißen Knöpfe durch Ziehen oder Springen die Plätze tauschen. Das freie Feld ist dann ganz rechts. In einem Sprung dürfen ein, zwei oder drei Knöpfe überquert werden, wenn dahinter das freie Feld ist. Wieviel Sprünge sind nötig?

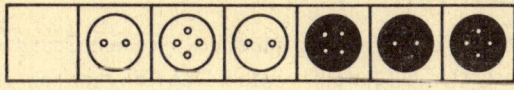

3. Aus den vier Papierschlangen ist durch Aufschneiden von weniger als vier Papierringen und Wiederzusammenkleben eine geschlossene Kette herzustellen! Dabei sind alle Ringe zu verwenden!

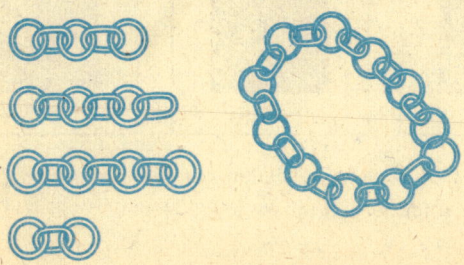

41

4. Übertrage die 5 Abschnitte auf Transparentpapier und lege sie so zu einem 5 × 5-Quadrat zusammen, daß waagerecht und senkrecht die Summe der Zahlen stets 85 beträgt!

5	12	19
11	18	20

21	28
27	9

17	24
23	25
29	

8	10
14	16
15	22

	26
	7
6	13

5. Auf ein Blatt Papier zeichnet ihr das Spielfeld auf. Halmasteine werden innerhalb der Spielfelder bewegt und können nach rechts, links oder diagonal springen. Jeder übersprungene Stein wird aus dem Spiel genommen. Dabei könnt ihr sowohl mit den roten als auch mit den blauen Steinen springen. Lediglich der rote darf nicht übersprungen werden. Er soll am Schluß allein übrigbleiben. Alle Achtung dem, der es mit 8 Zügen schafft!

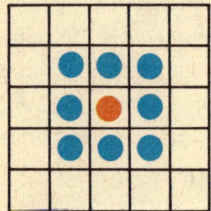

6. An den Wänden einer Festung mit quadratischem Grundriß sollen 16 Wachposten aufgestellt werden. Der Kommandant verteilte sie so, daß an jeder Seite 5 Wachposten standen (Bild links).

Er hätte seine Soldaten auch so aufstellen können, daß sich auf jeder Seite 6, ja sogar 7 Soldaten befanden.
Hilf ihm dabei!

Verschiebe die Blümchen so in die nächstgelegenen Felder, daß sich in jeder Reihe und in jeder Spalte je drei unterschiedliche Blümchen befinden! Die Blümchen können sowohl waagerecht, senkrecht als auch diagonal bewegt werden.

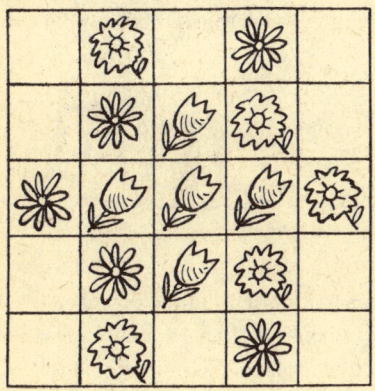

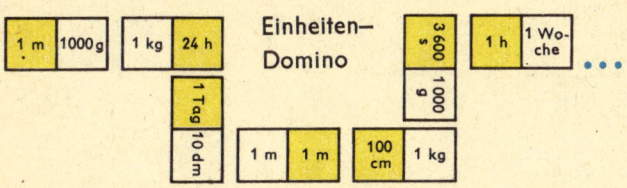

Einheiten–Domino

Mindestens 36 Kärtchen werden mit Einheiten der Länge, der Zeit und der Masse beschriftet (siehe Bild).
Vier bis sechs Mitspieler erhalten die gleiche Anzahl Kärtchen. Wie beim Domino werden reihum passende Kärtchen angelegt.

Mathematik heiter

Auf dem Heimweg erzählt Frank seinem Freund, daß er von einer 12 m hohen Leiter gefallen sei. Jochen staunt: „Und da hast du dich nicht verletzt?" fragt er . „Nein, ich stand doch auf der ersten Sprosse."

Stimmt's?

Setze auf der linken Seite Rechenzeichen derart, daß wahre Aussagen in Form von Gleichungen entstehen! (Nebeneinanderstehende Ziffern dürfen als eine Zahl betrachtet, doch die Reihenfolge darf nicht geändert werden. Du darfst auch Klammern verwenden.)

$$1 + 2 = 3$$
$$1\ 2 : 3 = 4$$
$$1\ 2 - 3 + 4 = 5$$
$$1\ 2\ 3\ 4\ 5 = 6$$
$$1\ 2\ 3\ 4\ 5\ 6 = 7$$
$$1\ 2\ 3\ 4\ 5\ 6\ 7 = 8$$
$$1\ 2\ 3\ 4\ 5\ 6\ 7\ 8 = 9$$
$$1\ 2\ 3\ 4\ 5\ 6\ 7\ 8\ 9 = 10$$

Läuferlauf

Läßt man den Läufer nach den Regeln des Schachspiels so über die abgebildete Figur gleiten, daß alle Silben nacheinander erfaßt werden, so erhält man für eine mögliche Folge einen Ausspruch, an den man beim Knobeln von kniffligen Aufgaben denken sollte.

	mel		mei		fal		es
him		ster		kein		ist	
	vom		ge		noch		len

1. Sicher und schnell rechnen!

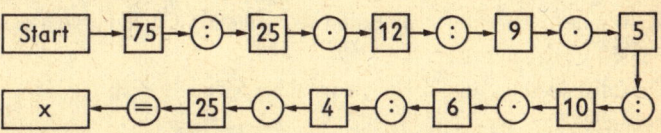

2. Rechne!

a + 1					1 001
a	2	12			
a − 2				45 678	
a : 2			100		

3. Ermittle die kleinste und die größte natürliche Zahl, die die Ungleichung

38 908 < x < 39 999

erfüllen!

4. Bei den sechs Gleichungen sind für die Buchstaben m, a, t, h, e natürliche Zahlen so einzusetzen, daß wahre Aussagen entstehen. Dabei bedeuten gleiche Buchstaben gleiche Zahlen.

h = 280 : 7   a = t + e
160 = e + 40   m = a : 40
t = 4 · h   m + a + t + h + e = 607

5. Von den angeführten Ergebnissen ist jeweils eines richtig. Finde es heraus, ohne die Addition, Subtraktion, Multiplikation oder Division selbst durchzuführen!

a) 499 + 389   (8 880; 888; 678; 8 888)
b) 12 800 − 3 600   (920; 92 000; 9 200; 5 200)
c) 333 · 44   (14 652; 1 452; 12 602; 14 650)
d) 5 600 : 20   (560; 56; 280; 28)

6. Zu dem Quotienten aus 360 und 2 ist das Produkt aus 120 und 3 zu addieren.

7. Eine Landstraße soll erneuert werden. Die Straße ist 1 km lang, die Hälfte ist bereits fertig. An einem Tag schafft der Bautrupp 100 m.
Wie lange benötigt er, um die Straße fertigzustellen?

8. In einem Tanklager befinden sich 45 000 l Öl. Täglich werden 8 500 l ausgeliefert.
Du sollst entscheiden, ob der Vorrat für 5 Tage reicht.
Rechne!

9. In einer Großbäckerei ist die Auslieferung von Brötchen täglich unterschiedlich. Von Montag bis Donnerstag werden täglich 82 000 Brötchen, am Freitag 110 000 und am Sonnabend 98 000 Brötchen geliefert.
Wie hoch ist die Wochenproduktion dieses Betriebes?

10. Erst rechnen, dann staunen!

e	$= 143 \cdot 37 \cdot 21$
l	$= 54\,439 : 7$
e	$= 275\,528 : 62$
g	$= (379 + 888) - (477 + 124)$
a	$= (27\,311 - 22\,511) : (13\,010 - 12\,210)$
n	$= (2\,997 \cdot 729) : (81 \cdot 81)$
t	$= 41^2 + 43^2 + 45^2$

11. Im Rahmen eines Sportfestes sind drei Handballspiele angesetzt. Jedes Spiel dauert zweimal 20 Minuten mit einer Halbzeitpause von 10 Minuten. Zwischen den Spielen dieses Turniers liegen jeweils 15 Minuten Pause. Um 14 Uhr beginnt das erste Spiel. Wann endet das letzte Spiel?

Wandert, Freunde, von der Startzahl 1 zur Zielzahl 35 — über
8 Stationen!
In der oberen Figur darf man nur waagerecht oder senkrecht marschieren und muß dabei stets die einzelnen Zahlen addieren. In der
unteren Figur muß man zudem noch diagonal marschieren.

Start	1	3	9				
	2	8	4				
	5	3	2	5	1		
			2	7	2		
			3	4	5	9	6
					7	8	3
					9	1	35	Ziel

Start	1	4	5	9	8	
	3	8	6	3	1	
	6	5	2	4	9	
	1	5	9	5	6	
	7	2	2	3	35	Ziel

Nächtlicher Spuk

„Ich träumte in sternenklarer Nacht Zigeunermusik zu hören.
Plötzlich werde ich wach und ertaste den Knopf der Nachttisch-
lampe. In Sekundenschnelle ist es hell. Doch gleich darauf geht das
Licht aus. Endlich finde ich den Knopf der Lampe wieder. Nichts!
Es bleibt dunkel. Fast verzweifelt suche ich meine unverwüstliche
Taschenlampe. Erst gestern habe ich sie benutzt. Ich taste sogar mit
dem Zeh nach ihr und reiße mir dabei einen Splitter ein."

In dieser Erzählung verbergen sich mehrere Zahlwörter. Suche sie
und addiere diese Zahlen! Welche Summe ist richtig:
230; 1 125; 1 132; 1 231 oder 1 232?

Irrgarten

Wer den Mut hat, soll es versuchen, vom Maul des Löwen bis hin
zu seinen Pfoten zu marschieren!

Augentest

In dieser Bildreihe sind die gleichen Bilder jeweils in einer anderen
Lage zu sehen.
Mehrere Bilder aber passen nicht in die Reihe.
Welche?

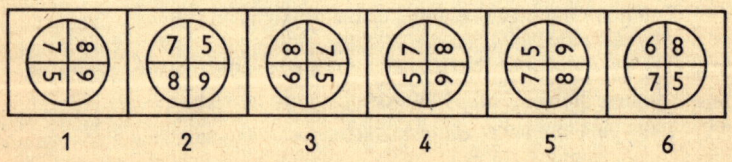

1. Ein Kind wiegt etwa 25 kg, ein Elefant etwa 3 t.

a) Wiegen 30 Kinder mehr als ein Elefant?

b) Wieviel Kinder sind etwa ebenso schwer wie ein Elefant?

2. Rechne!

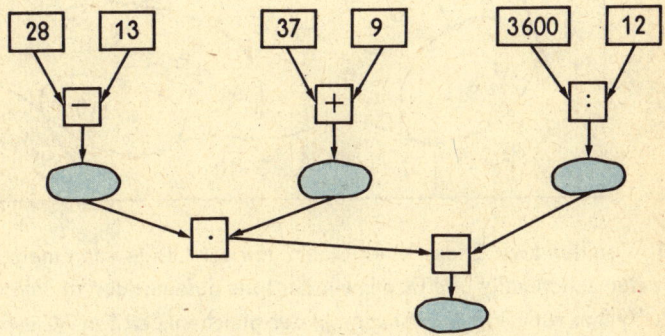

3. Ole in Stockholm ruft Kalle in Göteborg an. Das Selbstwählferngespräch kostet 8 Öre (schwedische Währungseinheit) für jede ganze oder angefangene Zeitspanne von 10 Sekunden. Ole spricht 1 min und 25 s.
Wieviel kostet das Gespräch?

4. Wie hoch ist der tägliche Wasserverbrauch insgesamt und der monatliche Wasserverbrauch (30 Tage) insgesamt in diesem Bauernhof?

täglicher Wasserverbrauch je Kuh: 45 l

täglicher Wasserverbrauch: 200 l

5. Welche der 19 Produkte liegen über 800?
Wer findet sie am schnellsten?

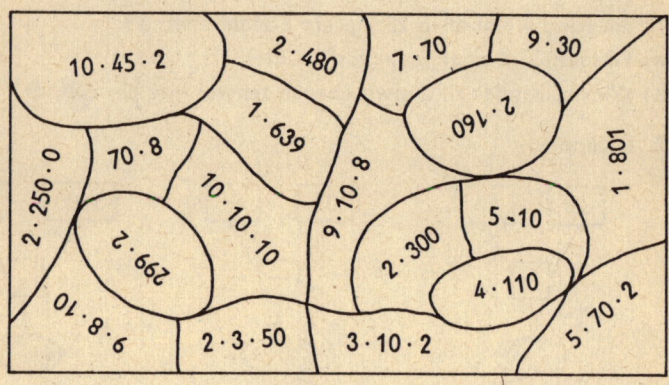

6. Von den zwei Enden einer Straße mit der Länge von einem Kilometer gehen Sally und ihre Freundin Jane aufeinander zu. Während Sally 2 m zurücklegt, geht Jane in der gleichen Zeit 3 m. Wieviel Meter ging jedes Mädchen bis zu ihrem Zusammentreffen?

7. Auf der Tribüne eines kleinen Schwimmstadions sind die Plätze in drei Blöcken angeordnet. Im Mittelblock befinden sich in jeder Reihe 34 Sitze, in den Seitenblöcken in jeder Reihe 28 Sitze. Jeder Block hat 12 Reihen. Wieviel Sitzplätze hat die Tribüne?

8. Benenne alle geometrischen Figuren, und gib ihre Anzahl an!

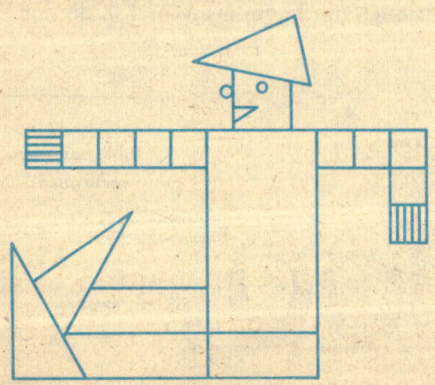

Rechne!

Löse die Aufgaben, und ordne die Silben nach der Größe der davorstehenden Ergebnisse! Beginne mit 1!

$100 \cdot 50 - 4\,250 - 747$	=	⯈	AUF
Die Hälfte von $27\,000 : 2\,700$	=	⯈	BEN
$318 + 277 - 594$	=	⯈	AL
$2 \cdot 3 \cdot 4 \cdot 5 : 8 - 7$	=	⯈	TIG
$(10\,152 : 9) - (33 \cdot 34)$	=	⯈	SIND
Der 3. Teil von $4\,860 : 180$	=	⯈	GE
$7 \cdot 7 \cdot 7 - 6 \cdot 6 \cdot 6 - 5 \cdot 5 \cdot 5$	=	⯈	LE
$88 + 444 - 40 + 444 - 888 - 44$	=	⯈	GA
$2 \cdot 10^3 + 6 \cdot 10^2 - 5 \cdot 10^2 - 2 \cdot 10^3 - 9 \cdot 10$	=	⯈	LÖST
Der Quotient von $700\,000 : 100\,000$	=	⯈	RICH

Was wir dir wünschen, erfährst du, wenn du alle Silben zu einem Satz zusammengefügt hast!

Welche der Bauteile (a, b, ..., l, m) bilden — jeweils zusammenge-
setzt — einen Würfel?

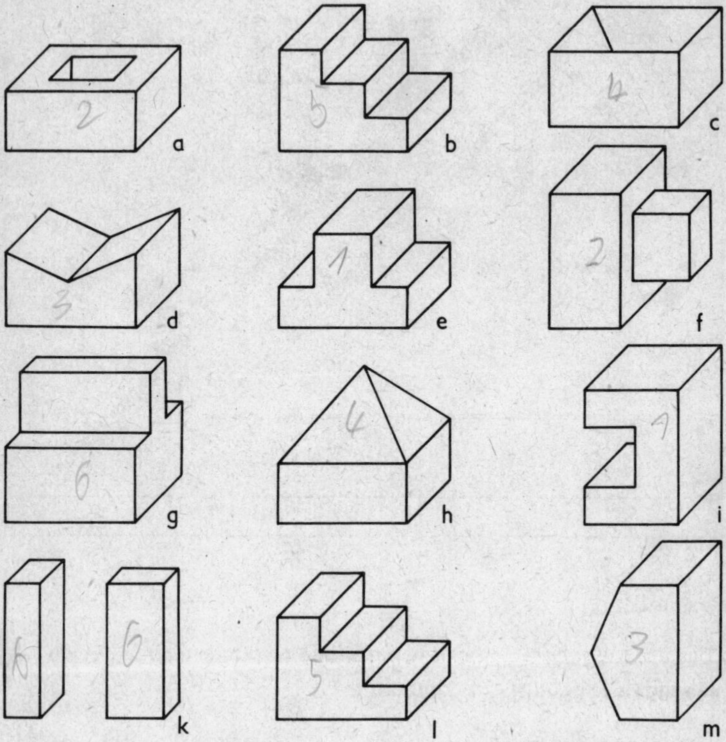

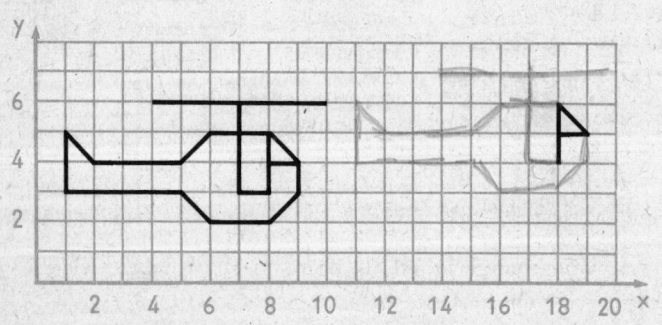

Verschiebe die Figur 10 Einheiten nach rechts und eine Einheit nach
oben!

1. Aus einem Stück Draht von 160 cm Länge soll ein gleichschenkliges Dreieck gebogen werden. Die Seitenlängen sollen Vielfache von 10 cm sein. Wie viele Möglichkeiten gibt es, ein gleichschenkliges Dreieck zu biegen?

2. Spiegele diesen Streckenzug an der Geraden g!

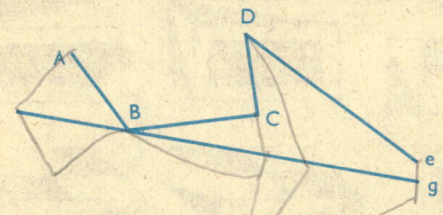

3. Der äußere Umfang eines 8 cm breiten rechteckigen Spiegelrahmens beträgt 280 cm. Welche Länge besitzt der innere Umfang dieses Rahmens?

4. Gegeben seien in einem Koordinatensystem die Punkte
A (1; 2), B (5; 2), C (5; 4) D (1; 4).
a) Zeichne das Viereck ABCD!
b) Wie heißt dieses spezielle Viereck?
c) Verschiebe das Viereck ABCD entsprechend der Verschiebungsvorschrift $\overrightarrow{PQ}$ mit P (6; 1) und Q (10; 4)!
d) Gib die Bildpunkte A′, B′, C′, D′ in der Form P′ (x; y) an!

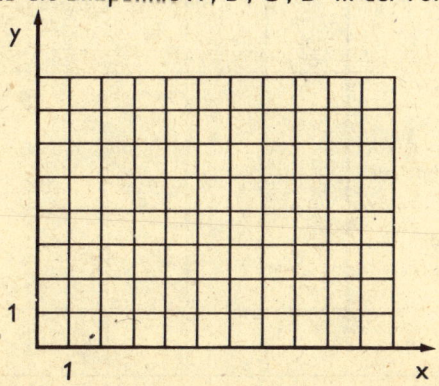

53

5. Ein neuer Spielplatz ist quadratisch, sein Flächeninhalt beträgt 1 600 m².
Wie lang ist eine Seite des Spielplatzes?
Wieviel Zaunsäulen und Zaunfelder müssen für drei Seiten gekauft werden, wenn man aller 10 Meter eine Zaunsäule setzen will?
(Fertige dazu eine Skizze an!)

6. Welcher Quader gehört zu dem abgebildeten Netz?

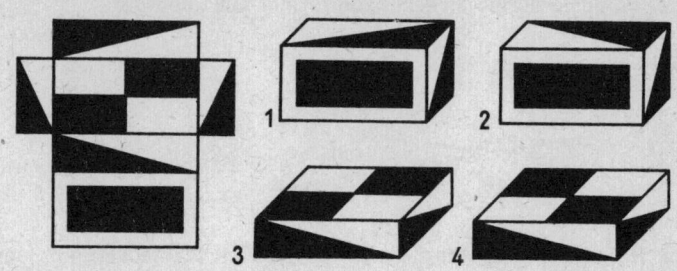

7. Kreuze an, was zutrifft!

	▱	▢	⬭	△	△
Alle Begrenzungs-flächen sind eben					
Nicht alle Be-grenzungsflächen sind eben					
Die ebenen Be-grenzungsflächen sind: a) nur Vierecksflächen					
b) Vierecks- und Dreiecksflächen					
c) nur Kreisflächen					

In jeder Reihe sind zwei Figuren gleich. Finde diese!

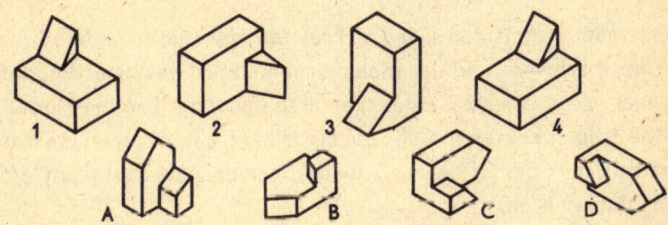

Welche der Flächen 1 bis 7 haben die gleiche Größe wie die grüne Fläche?

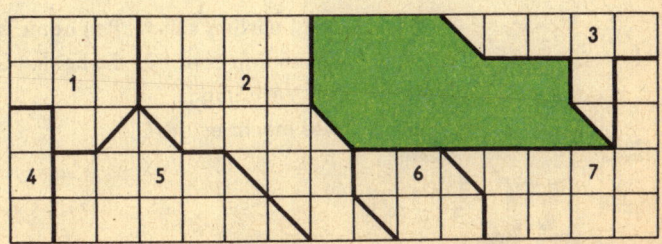

„Vorgesagt wird nicht!"

Haare

In einem Café trafen sich drei Freunde: der Bildhauer Weiß, der Pianist Schwarz und der Maler Braun. „Es ist merkwürdig, daß einer von uns weiße, einer schwarze und einer braune Haare hat, daß jedoch keiner von uns die Haarfarbe hat, die seinem Namen entspricht", bemerkte der Schwarzhaarige. „Du hast recht", meinte Bildhauer Weiß.
Welche Haarfarbe hat der Maler?

Flüssigkeiten

Der Lehrling soll 4 Liter abmessen. Es stehen ihm aber nur die beiden Gefäße zur Verfügung.
Wie macht er das?

1. In einer Kiste liegen 3 Sorten Äpfel, von jeder Sorte gleich viele, zusammen 12.
Wie viele Äpfel muß Christine, ohne hinzusehen, mindestens herausnehmen, wenn sie von einer Sorte mit Bestimmtheit 3 Stück haben will?

2. Auf dem Bild siehst du 4 Städte. Jede ist mit jeder durch eine Straße bekannter Länge verbunden. Ein Wanderer will von der Stadt 1 aus alle Städte auf der kürzesten Route besuchen und wieder zur Stadt 1 zurückkehren.

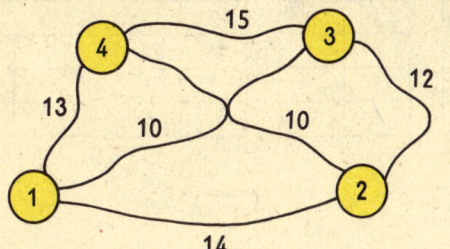

Welches ist die kürzeste Länge des Wanderweges?

3. 5 Mädchen, alle älter als 10 Jahre, wurden nach ihrem Alter gefragt. Jedes Mädchen machte eine wahre Aussage dazu: Doris ist weder die Jüngste noch die Älteste von uns. Carmen ist 14 Jahre alt. Bärbel ist jünger als Carmen, aber älter als Doris. Bärbel und Carmen sind beide jünger als Eva. Eva ist 5 Jahre älter als Angelika. Wie alt ist jedes der 5 Mädchen, wenn ihre Lebensalter alle verschieden sind?

4. Ein Hund läuft einem Hasen nach. 150 Fuß (alte Längeneinheit) ist der Hase voraus.
Der Hase macht 7 Fuß weite Sprünge, während der Hund 9 Fuß weite Sprünge macht.
Nach wieviel Sprüngen holt der Hund den Hasen ein?

5. Marika stellt fest: „Während unserer dreitägigen Wanderfahrt habe ich am ersten Tag die Hälfte meines Geldes ausgegeben, am zweiten Tag ein Viertel. Am dritten Tag verblieben mir noch 5 Mark." Wieviel Geld hatte Marika insgesamt mit auf der Wanderfahrt?

6. Vier Tabellen und fünf Aussageformen sind gegeben. Ordne zu jeder Tabelle die zugehörige Aussageform, und vervollständige die Tabellen!

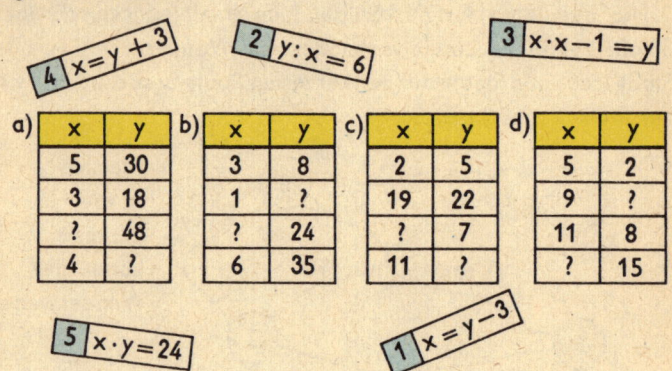

4 $x = y + 3$ **2** $y : x = 6$ **3** $x \cdot x - 1 = y$

a)
x	y
5	30
3	18
?	48
4	?

b)
x	y
3	8
1	?
?	24
6	35

c)
x	y
2	5
19	22
?	7
11	?

d)
x	y
5	2
9	?
11	8
?	15

5 $x \cdot y = 24$ **1** $x = y - 3$

7. Von zwei Uhren geht die erste genau, die zweite geht stündlich 1 Minute vor. Angenommen, beide Uhren zeigen die Uhrzeit 12 Uhr an. Welche Zeit vergeht, bis beide Uhren wieder dieselbe Uhrzeit anzeigen?

8. Ersetze die Fragezeichen durch Zahlen!

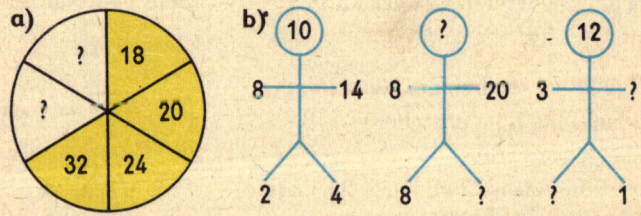

9. Von einem Ballen Stoff, der 30 m enthielt, wurden 4 m mehr verkauft als übrigblieben.
Wie viele Meter Stoff verblieben zum weiteren Verkauf?

Planquadrate

Wie muß die Wandergruppe ihren Weg lenken, wenn sie in A beginnt, alle Planquadrate besucht, aber niemals ihren Weg kreuzt oder gar ein Feld doppelt besucht? Erreichen die Touristen B?

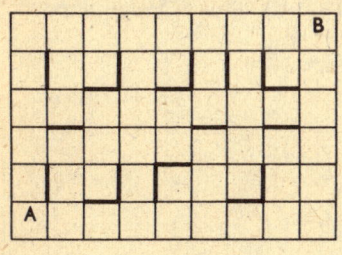

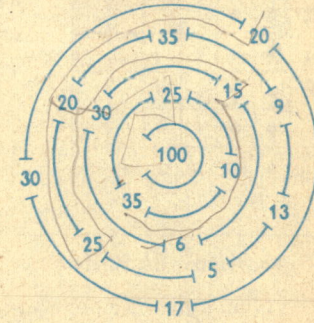

Kreise

Wie ist es möglich, in den Mittelpunkt der Figur so durch die 4 Kreise zu gelangen, daß die dabei berührten Kreise die in der Mitte stehende Summe 100 ergeben?

Kurzweil auf einem kleinen Halmabrett

Ziel ist es, die auf den schwarzen Punktfeldern stehenden 13 Steine mit möglichst wenig Zügen auf die roten Felder zu bringen. Wer das mit weniger als 20 Zügen schafft, kann zufrieden sein. Schließlich suche die beste Lösung in 13 Zügen zu finden!

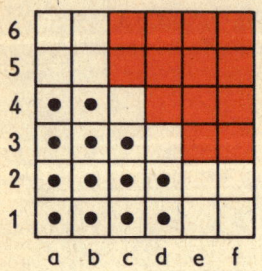

Die Steine können sowohl waagerecht, senkrecht und diagonal gezogen werden als auch andere Steine überspringen.

1. Die Zahlenscheiben sollen in ihre entsprechenden Fächer ge-
schoben werden. Springen gilt nicht. Es darf jeweils immer nur eine
Scheibe in einem Feld sein. Du darfst daher nur mit Scheibe (8) oder
(2) beginnen!

8 ¹	1 ²	7 ³	4 ⁴
⁵	2 ⁶	3 ⁷	6 ⁸

2. Ein Spieler nennt drei zweistellige und drei einstellige Zahlen,
z. B. 37, 56, 18, 4, 7, 3. Alle Mitspieler versuchen, diese Zahlen durch
Rechenoperationen in beliebiger Reihenfolge so zu verbinden, daß
eine sehr kleine Zahl das Endergebnis ist. Sieger ist, wer das kleinste
Resultat erzielt

3. Das abgebildete Muster soll im nachstehenden leeren Quadrat
nachgezeichnet werden. Hilfsmittel sind Lineal und Bleistift. Zu
messen gibt es nichts, denn die Markierungspunkte im leeren Quadrat reichen aus, um alle geforderten Linien exakt zeichnen zu
können.

 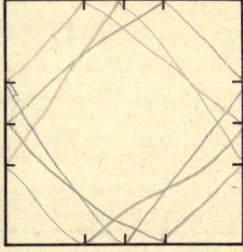

4. Gegeben sei ein Streifen von 2 cm Breite und 14 cm Länge. Falte
aus ihm einen Würfel mit einer Kantenlänge von 2 cm! (6 Faltlinien
sind zur Hilfe schon eingezeichnet.)

Stufe 1 · Sicheres Grundwissen

Seite 6

unten:

				P	S	U	M	M	E	
				R			I			D
F	A	K	T	O	R		N	·	D	I
				D			U		I	F
				U			E		V	F
				K			N		I	E
				T			D		D	R
	S	U	M	M	A	N	D		E	E
D	I	V	I	S	O	R			N	N
	Q	U	O	T	I	E	N	T	D	Z
S	U	B	T	R	A	H	E	N	D	

Seite 7

1. $x = 85$; $y = 23$
2. a) 30   b) 12   c) 16   d) 26
3. a) $7 < 8$ b) $18 > 3$ c) $11 < 12$ d) $28 = 28$ e) $8 = 8$
   f) $9 < 20$ g) $4 = 4$ h) $20 < 47$
4. a) $9 + 3 = 12$ b) $9 \cdot 3 = 27$ c) $9 - 3 = 6$ d) $9 : 3 = 3$
5. Rundreise, Kleinstadt, Tannenzweig, Klavierstunde

Seite 8

6.

a	b	a : b	a + 2	2 · b	b − 5
24	8	3	26	16	3
6	6	1	8	12	1
20	5	4	22	10	0

7. Zum Beispiel: $4 + 8 = x$ $8 - 4 = y$ $8 \cdot 4 = z$ $8 : 4 = v$
   $x = 12$ $y = 4$ $z = 32$ $v = 2$
8. $16 : 2 = 8$; $8 - 8 = 0$

9. $m = 18$; $n = 18 - 12$; $z = 2 \cdot 4 \cdot 6$; $s = 48 : 6$
         $n = 6$ $z = 48$ $s = 8$

10. Turmuhr: 6.00 Uhr;   Wecker: 5.30 Uhr;
        Normaluhr: 8.00 Uhr;   Regulator: 3.45 Uhr.

11. a) $f = 0, 1, 2$ **b)** $v = 20$
        $l = 5, 6, 7, \ldots$ $o = 20$
        $i = 0, 1, 2, 3$ $r = 38$
        $n = 0, 1$ $t = 81$
        $k = 0, 1, 2, 3$ $e = 12$
        $s = 0, 1, 2, 3$ $i = 90$
        $i = 4, 5, 6, 7, 8$ $l = 40$
        $c = 0, 9, 18, 27, 36$ $h = 0$
        $h = 0, 1, 2, 3, 4$ $a = 9$
        $e = 0, 1$ $f = 1$
        $r = 49, 50, 51$ $t = 0$

Seite 9

oben: 35 Tage hat der Angler umsonst gewartet.

Mitte:

25	4	19
10	16	22
13	28	7

1	8	11	14
12	13	2	7
6	3	16	9
15	10	5	4

unten:
Es fehlen 13 Dachziegel.

Stufe 1 · Von Land zu Land

Seite 10

oben: 7 Unterschiede
       sind im
       Spiegelbild.
Mitte: Vater Timo
       ist 57 Jahre
       alt.

unten:

Seite 11

1. $4 \cdot 8 = 8 \cdot 4$ $30 = 5 \cdot 6$
$5 \cdot 5 = 5 + 5 + 5 + 5 + 5$ $9 \cdot 4 = 36$
$2 \cdot 6 = 6 + 6$ $9 + 9 + 9 = 27$
$6 + 6 + 6 = 3 \cdot 6$

2. $4 \cdot 3 = 12$; $20 - 12 = 8$; $8 : 2 = 4$
Danila kann sich 4 Bleistifte kaufen.

3. $10 + 5 + 5 - 2 - 2 = 16$
Der Korb mit Datteln wiegt 16 kg.

4. $25 + 17 + 14 + 12 + 14 + 18 = 100$
Es fehlt zweimal die Zahl 14.

5. Silvia: $2 \cdot 1 + 3 \cdot 2 + 1 \cdot 3 + 1 \cdot 4 + 3 \cdot 6 = 33$
Angelo: $1 \cdot 1 + 3 \cdot 2 + 4 \cdot 4 + 2 \cdot 6 = 35$
Angelo gewinnt mit zwei Punkten Vorsprung.

Seite 12

6. Peter könnte jede Ware einzeln tragen oder Kartoffeln und Zwiebeln; Kartoffeln und Obst; Tomaten, Zwiebeln und Obst; Tomaten und Zwiebeln; Tomaten und Obst; Zwiebeln und Obst.

7. $z = 10 + 6$; $z = 16$

8. Der Brunnen ist vom Haus 76 m entfernt.

9. a) Ausgabe: 30   b) Ausgabe: 30

Stufe 1 · Unterhaltsame Geometrie

Seite 13

1. Es werden noch sieben ganze Ziegel und ein halber Ziegel, also 8 Ziegel benötigt.

2.

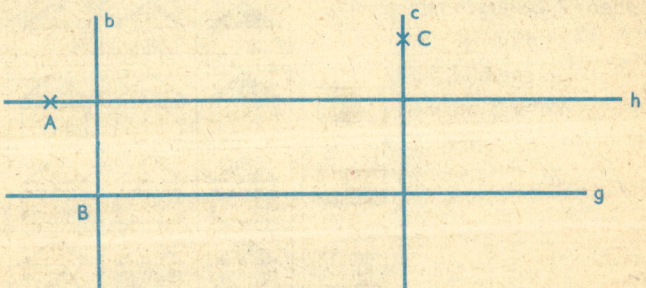

4. Man kann folgende Rechtecke legen:

   a) drei Rechtecke: 12 · 1; 2 · 6; 3 · 4;

   b) ein Rechteck: 1 · 13;

   c) zwei Rechtecke: 1 · 14; 2 · 7.

5. Der rote Ball und der bunte Ball rechts unten passen genau in die beiden Schachteln.

6. Es können zwei Dreiecke oder zwei Rechtecke (im Sonderfall zwei Quadrate) entstehen.

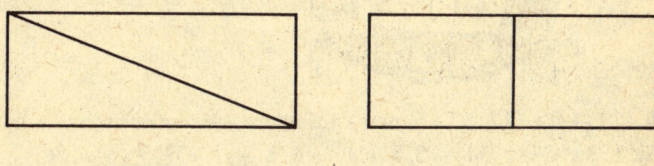

8. a)   **c)**

b)   **d)**

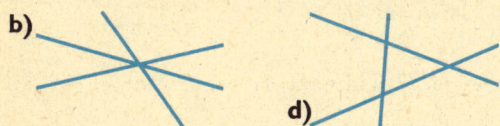

Stufe 1 · Denksport

Mitte:

Z	E	H	N
Z	A	H	N
Z	A	U	N
Z	A	U	M
R	A	U	M

unten: **a)** Das Fragezeichen ist kein mathematisches Zeichen.

        b) mm ist keine Einheit der Masse.

        c) Der Kreisring ist nicht geradlinig begrenzt.

        d) 3 ist eine ungerade Zahl.

        e) Ein Körper hat keine viereckigen Flächen.

1. Karsten muß 19 Uhr zu Bett gehen.

2. Jedes Pferd lief in der Stunde 12 km.

3. Eine Lösung ist z. B.:

4. 20 − 8 = 12, 12 können radfahren, aber nicht schwimmen.

5. z. B.: Die Zahl sei 3. 3 + 3 = 6; 6 + 3 = 9; 9 · 4 = 36;
36 − 12 = 24; 24 : 3 = 8

6.

 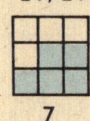

3   7

7. (1) Helmut, (2) Helga, (3) Luise, (4) Hans, (5) Monika

8. Preis, Greis, Kreis

9. Es sind: Großvater, Vater und Sohn.

10. a)

13. Stelle   20. Stelle

b) 13. Stelle   20. Stelle

11. Zu streichen sind: 2, 2, 5, 8, 8 oder 2, 5, 5, 5, 8.

12. (6; 6; 1), (6; 5; 2), (6; 4; 3), (5; 5; 3), (5; 4; 4)

oben:

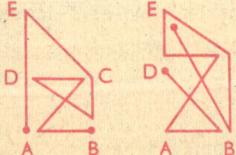

unten: Die Teilausschnitte 1, 3, 4 und 6 sind auf der Silhouette wiederzufinden.

Stufe 1 · Spiel und Spaß

Seite 20
oben: Wenn die Nr. 12 die weiße Maus ist, muß der Kater mit dem Abzählen bei Maus Nr. 5 beginnen.

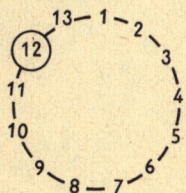

Seite 21
2.

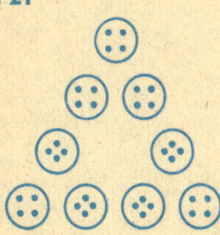

3. Es gewinnt derjenige, der seinem Partner 7 Spielsteine und Vielfache davon übrigläßt. Derjenige, der das Spiel beginnt, muß also 2 Spielsteine nehmen und gewinnt.

Seite 23
oben: Eine Lösung ist z. B.:

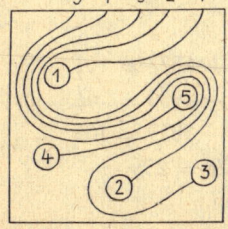

Mitte:

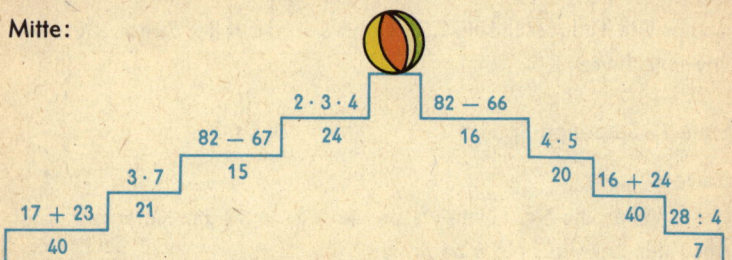

Stufe 2 · Sicheres Grundwissen

Seite 24

unten:
$s = 74 + 37 + 37 + 37 + 37 = 222$
$c = 141 + 6 \cdot 69 = 555$
$h = 6\,054 + 5 \cdot 789 = 9\,999$
$n = 491 - 5 \cdot 76 = 111$
$e = 1\,240 - 2 \cdot 287 = 666$
$l = 56 + 5 \cdot 49 - 5 \cdot 58 = 11$
$l = 153 - 3 \cdot 74 + 3 \cdot 97 = 222$
$e = 1\,245 + 6 \cdot 796 - 6 \cdot 837 = 999$
$r = 19 + 3 \cdot 9 + 3 \cdot 8 + 3 \cdot 7 - 3 \cdot 6 - 2 \cdot 5 - 2 \cdot 4 = 55$

Seite 25

1.
r = ⋅ 77	s = 180
e = 939	i = 120
c = 400	c = 33
h = 875	h = 30
n = 100	e = 180
e = 0	r = 0

2. 13 212

3. a) $1984 - 1764 = 220$ b) $1984 - 1877 = 107$
   c) $1984 - 1895 = 89$ d) $1984 - 1938 = 46$
   e) $1984 - 1961 = 23$ f) $1984 - 1879 = 105$

4. $1 + 2 + 4 + 8 + 16 + 32 + 64 + 128 = 255$
   Das Mühmchen pflückte 255 Blümchen.

5.

e	c	2 e + c	(e — c) · 2	e · c	e : c	27 — e
16	4	36	24	64	4	11
25	5	55	40	125	5	2
4	1	9	6	4	4	23

6.

Einheit	nächstklei- nere Einheit	Einheit	nächsthöhere Einheit
3 kg	3 000 g	4 000 m	4 km
22 cm	220 mm	1 700 g	1,7 kg
6 min	360 s	180 s	3 min
1 h	60 min	48 h	2 Tage

7.

8. a) 0 1 2 3 4 5 6 7 8 9

b) 02.39 13.17 07.06 ₃₅

oben: Fünf Zahlwörter: **Ein S**eehund **reißt** ganz **weit** das Maul auf, zeigt die **Zähne un**d sagt: „Gute **Nacht**!"

Mitte:

④ + ② − ⑥ = 0   ⑥ − ④ + ③ = 5

② + ③ − ④ = 1   ⑥ + ④ − ③ = 7

④ + ② − ③ = 3   ④ + ⑥ − ② = 8

⑥ + ② − ④ = 4   ④ + ③ + ② = 9

unten:

5	2	8	1	6	5	3	1
1	4	3	5	7	1	6	4
8	3	4	9	2	2	3	2
2	4	3	1	5	8	2	6
7	1	5	8	2	3	5	1
5	2	7	5	1	9	1	4
1	9	1	2	5	4	6	3
3	2	4	5	2	3	5	1

4	·	3	−	6	=	6
·		+		+		
2	·	5	−	3	=	7
−		−		−		
1	+	2	+	1	=	4
=		=		=		
7		6		8		

Stufe 2 · Von Land zu Land

Seite 28

oben:

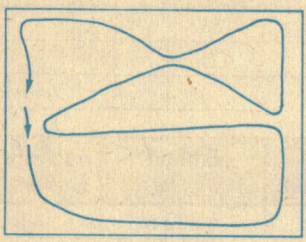

unten: Der dritte Indianer ist unter den Hufen des linken Lamas zu sehen, das dritte Lama rechts oben in der Ecke, wenn man das Bild nach links dreht.

Seite 29

1. $72 \cdot 5 = 360$ Der Fahrer kassiert 360 Drachmen.

2. $C < I < F = E < A = D < H < J < B < G$

3. a) Es dauert noch 7 Minuten.

   b) Es dauert noch 1 Stunde und 59 Minuten,
      7 Stunden 5 Minuten, 9 Stunden 13 Minuten.

   c) Es dauert noch 35 Minuten.

   d) Die Ankunft ist gegen 9.10 Uhr.

4. $60 + 60 + 30 = 150$

Die Känguruhs erreichen nach $2\frac{1}{2}$ Stunden die Wasserstelle.

Seite 30

5. Es werden 56 Setzlinge benötigt.

6. Die gesamte Winterausrüstung kostet 2 635 Kronen.

Seite 31

Mitte: $a = 1\,000 + 12 + 7 + 3 + 1 + 1 + 3 = 1\,027$
       $b = 7 + 1\,000 + 3 + 11 + 1 + 3 \quad\; = 1\,025$
       $a - b = 1\,027 - 1\,025 = 2$

unten: Waagerecht: (1) 28; (3) 32; (5) 489; (8) 292; (9) 461; (12) 199; (14) 16; (15) 40

       Senkrecht: (1) 24; (2) 280; (4) 27; (6) 198; (7) 369; (10) 199; (11) 21; (13) 30

Stufe 2 · Unterhaltsame Geometrie

Seite 33

1. Der Turm besteht aus 6 Würfeln.

2. Zum Beispiel: D liegt auf g; i geht durch C; g ist parallel zu h; E liegt zwischen g und h; E liegt nicht auf g; i ist nicht parallel zu h; g geht nicht durch A; usw.

3. Gelb: 24 Flächen; rot: 12 Flächen. Die roten Flächen sind zusammen halb so groß wie die gelben Flächen.

4.

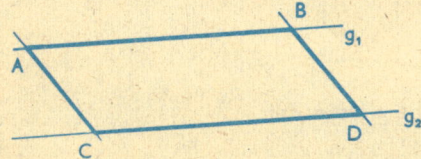

Seite 34

5. a) $M = \{A, B, C, E, H\}$
b) $M = \{A, G, C, D, E\}$
c) $M = \{A, C, E\}$
d) $M = \{F\}$

6. Zum Beispiel:

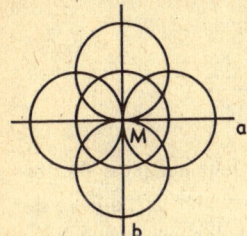

7. $6 \cdot 4 \cdot 6 = 144; \quad 144 - 15 = 129$
a) Es sind 129 Würfel aufgebaut.
b) 15 Würfel müssen noch eingefügt werden.

8.

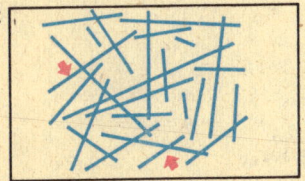

Seite 35

oben: Der Käfer gelangt nicht zur Blume.

Mitte:

unten: Der Kreis läßt sich aus den Teilen b, c, d zusammensetzen. Das Quadrat läßt sich aus den Teilen e, g, h zusammensetzen.

Seite 36

oben: Es fehlt der Hahn. Er steht links unten, rechts neben dem dicken Baum.

Mitte: **a)** **b)**

unten: Sie benötigen die gleiche Zeit.

Seite 37

1.

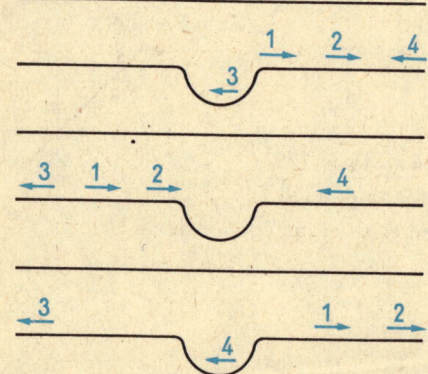

2. Man nimmt zwei beliebige Ringe und legt auf jede Waagschale einen Ring. Wenn Gleichgewicht eintritt, ist der dritte Ring der gesuchte. Tritt kein Gleichgewicht ein, ist der schwerere an der Neigung der Waagschale zu erkennen.

3. SIND IN EINEM RECHTECK ALLE SEITEN GLEICH LANG, IST ES EIN QUADRAT.

4. Anne, Britta, Doris, Christa

Seite 38

6. $13 - 6 = 7$; $15 - 6 = 9$; $7 + 9 + 6 + 4 = 26$

Die Wandergruppe hat 26 Mitglieder.

7. $444 + 44 + 4 + 4 + 4 = 500$

8. $27 : 3 = 9$ Bärbel ist 9 Jahre alt.

9. Nein, denn dann ist wieder Mitternacht.

Seite 39

unten:

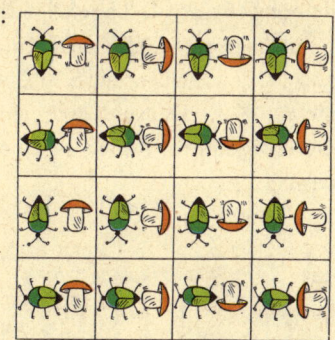

Stufe 2 · Spiel und Spaß

Seite 40

oben: Die zu den Zahlen gehörenden Buchstaben geben die
Sprünge der Hasen an. Eine Lösung ist z. B.:

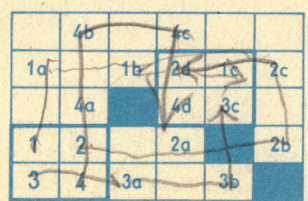

unten: 4 zu 1; 7 zu 3; 5 zu 9; 6 zu 2 und 8 zu 10 oder 7 zu 10;
4 zu 8; 6 zu 2; 1 zu 3 und 5 zu 9.

Seite 41

1.

2. Numerieren wir die Felder im Geist von links nach rechts mit den Zahlen 1 bis 7. Fünf Sprünge sind nötig: 5 nach 1, 2 nach 5, 6 nach 2, 3 nach 6, 7 nach 3. – Wenn man nur über einen oder zwei Knöpfe springen darf, wird es schwieriger. Dann braucht man 10 Züge.

3. Die drei Ringe der dreigliedrigen Kette sind aufzuschneiden. Mittels dieser drei Ringe sind die übrigen drei Ketten zu einer geschlossenen Kette zu verbinden.

Seite 42

4.

5	12	19	21	28
11	18	20	27	9
17	24	26	8	10
23	25	7	14	16
29	6	13	15	22

6.

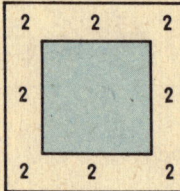

Seite 43

oben:

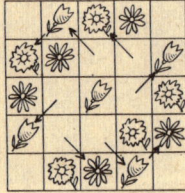

Stufe 3 · Sicheres Grundwissen

Seite 44

Mitte: Beispiele für mögliche Lösungen:

$$1 + 2 = 3$$
$$12 : 3 = 4$$
$$12 - 3 - 4 = 5$$
$$12 + 3 - 4 - 5 = 6$$
$$12 : 3 + 4 + 5 - 6 = 7$$
$$(12 : 3) \cdot 4 + 5 - 6 - 7 = 8$$
$$1 + 2 \cdot 3 + 4 + 5 - 6 + 7 - 8 = 9$$
$$1 \cdot 2 + 3 + 4 + 5 + 6 + 7 - 8 - 9 = 10$$

unten: Es ist noch kein Meister vom Himmel gefallen.

Seite 45

1. x = 75

2.

a + 1	3	13	201	45 681	1 001
a	2	12	200	45 680	1 000
a − 2	0	10	198	45 678	998
a : 2	1	6	100	22 840	500

3. Kleinste Zahl 38 909; größte Zahl: 39 998

4. m = 7; a = 280; t = 160; h = 40; e = 120

5. a) 888 **b)** 9 200 **c)** 14 652 **d)** 280

6. 360 : 2 + 120 · 3 = 540

Seite 46

7. 1 km = 1 000 m; 1 000 m : 2 = 500 m; 500 : 100 = 5
Der Bautrupp benötigt noch 5 Tage, um die Straße fertigzustellen.

8. 8 500 l · 5 = 42 500 l
   45 000 l − 42 500 l = 2 500 l
Der Vorrat reicht für 5 Tage. Es verbleiben noch 2 500 l.

9. 82 000 · 4 = 328 000
   328 000 + 110 000 + 98 000 = 536 000
Die Wochenproduktion beträgt 536 000 Brötchen.

10. e = 111 111; l = 7 777; e = 4 444; g = 666; a = 6; n = 333;
t = 5 555

11. Das letzte Spiel endet um 17.00 Uhr.

Seite 47

oben: oberer Wanderweg: 1 + 4 + 8 + 6 + 2 + 9 + 2 + 3 = 35
    unterer Wanderweg: 1 + 8 + 3 + 2 + 7 + 2 + 9 + 3 = 35
unten: Die „Spukzahl" lautet 1 232, denn es sind die Zahlen
    1, 80, 100, 8, 1, 1 000, 11, 2, 9, 7, 10, 3 enthalten.

Stufe 3 · Von Land zu Land

Seite 48

unten: Die Bilder 1, 4 und 6 passen nicht in die Reihe.

1. a) Nein, denn 30 · 25 kg = 750 kg = 0,75 t.

   b) 3 000 kg : 25 kg = 120

Etwa 120 Kinder wiegen genausoviel wie ein Elefant.

2.

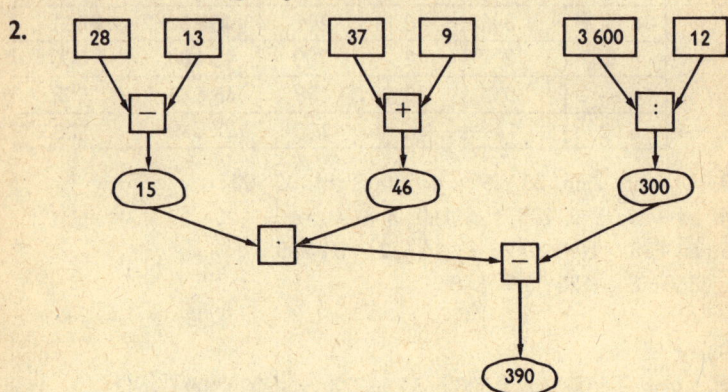

3. 1 min 25 s = 85 s;   9 · 8 Öre = 72 Öre

Olle spricht 9 Zeiteinheiten.

Das Gespräch kostet 72 Öre.

4. 4 · 45 + 200 = 380

Der tägliche Wasserverbrauch auf dem Bauernhof beträgt 380 l.

380 · 30 = 11 400

Der monatliche Wasserbedarf beträgt 11 400 l.

5. Die Produkte 0, 50, 60, 270, 300, 320, 440, 490, 560, 598, 600, 639, 700, 720 und 720 liegen unter 800, und die Produkte 801, 900, 960 und 1 000 liegen über 800.

6. 2 + 3 = 5;   1 000 : 5 = 200;   2 · 200 = 400;   3 · 200 = 600

Sally ging 400 m, Jane 600 m, bis sie zusammentrafen.

7. 34 · 12 = 408;   28 · 12 · 2 = 672;   408 + 672 = 1 080

Die Tribüne faßt insgesamt 1 080 Plätze.

8. Die Figur besteht aus 4 Dreiecken, 12 Rechtecken, 8 Quadraten, 3 Trapezen und 2 Kreisen.

unten: „Alle Aufgaben sind richtig gelöst."

Stufe 3 · Unterhaltsame Geometrie

Seite 52
oben: a — f; b — l; c — h; d — m; e — i; g — k

Seite 53
1.

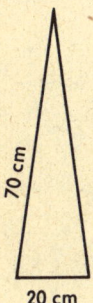

2.

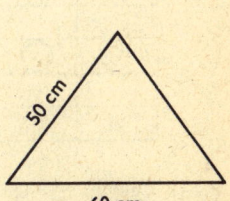

3. Von jeder der vier Seiten gehen 2 · 8 cm ab. Insgesamt werden somit 4 · 16 cm = 64 cm vom äußeren Umfang abgezogen. Der innere Umfang des Rahmens hat eine Länge von 216 cm.

4. a)
c)

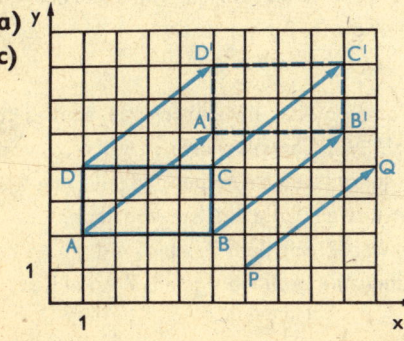

b) Rechteck
d) A′ (5; 5),
B′ (9; 5),
C′ (9; 7),
D′ (5; 7)

5. Eine Seite des Spielplatzes ist 40 m lang, denn 40 m · 40 m = 1600 m². Man braucht 13 Zaunsäulen und 12 Zaunfelder.

6. Es ist der Quader Nr. 3.

7.

Mitte: In der 1. Reihe sind Nr. 3 und Nr. 4 gleich, und in der 2. Reihe sind Nr. A und Nr. C gleich.

unten: Es ist nur die Fläche 2.

Stufe 3 · Denksport

Mitte: Da Bildhauer Weiß nicht schwarzhaarig ist, kann er nur braune Haare haben. Daraus folgt, daß der Pianist Schwarz weißhaarig ist und der Maler Braun schwarze Haare hat.

unten: Erst 3 Liter in den 5-Liter-Topf, dann nochmals 3 Liter hinzu. Da der Topf aber nur 5 Liter faßt, bleibt 1 Liter im 3-Liter-Topf übrig. Den Inhalt des 5-Liter-Topfes ausgießen, den übriggebliebenen 1 Liter hinein und nun 3 Liter dazu.

1. Da es von jeder der 3 Sorten gleich viele Äpfel gibt, sind es von jeder Sorte 12 : 3 = 4 Äpfel. Will Christine also sicher sein, von einer Sorte 3 Äpfel herausgenommen zu haben, so muß sie zuerst 6 Äpfel nehmen. Im ungünstigsten Falle hat sie von jeder der 3 Sorten gerade 2 Äpfel erwischt. Mit dem 7. Apfel nimmt sie dann sicher den 3. einer Sorte. Christine muß wenigstens 7 Äpfel herausnehmen.

2. Zwei Routen sind je 45 km lang, sind also die kürzesten:
1-3-2-4-1 und 1-4-2-3.

3. Angelika 11 Jahre; Doris 12 Jahre; Bärbel 13 Jahre; Carmen
14 Jahre; Eva 16 Jahre.

4. Bei jedem Sprung gewinnt der Hund (9 — 7) Fuß = 2 Fuß an
Boden. Er holt den Hasen somit in (150 : 2) = 75 Sprüngen ein.

Seite 58

5.

3. Tag	2. Tag	1. Tag	Insgesamt
5 Mark	$\frac{1}{4} \cong$ 5 Mark	$\frac{1}{2} \cong$ 10 Mark	20 Mark

Marika hatte 20 Mark mit auf der Wanderfahrt.

6. 1 und c;   2 und a;
3 und b;   4 und d.

7. 12 h = 12 · 60 min = 720 min;
720 min : 1 min = 720

Vorwärts gerechnet kommt die zweite Uhr der ersten in jeder
Stunde um 1 min näher. Nach 720 Stunden, also nach 30 Tagen,
zeigen beide Uhren wieder zum selben Zeitpunkt die Uhrzeit
12 Uhr an.

8. **a)** 18 + 2 = 20; 20 + 4 = 24; 24 + 8 = 32; 32 + 16 = 48;
48 + 32 = 80

Es werden jeweils 2, 4, 8, 16, 32, . . . addiert. Die fehlenden Zahlen
sind 48 und 80.

b) Figur 1
linker Arm – linkes Bein: 8 + 2 = 10
rechter Arm – rechtes Bein: 14 − 4 = 10
Figur 2
linker Arm – linkes Bein: 8 + 8 = 16
rechter Arm – rechtes Bein: 20 − 4 = 16
Figur 3
linker Arm – linkes Bein: 3 + 9 = 12
rechter Arm – rechtes Bein: 13 − 1 = 12

9. 30 m − 4 m = 26 m;   26 m : 2 = 13 m;   13 m + 4 m = 17 m;
13 m + 17 m = 30 m

Es verblieben 13 m Stoff zum weiteren Verkauf.

Mitte:

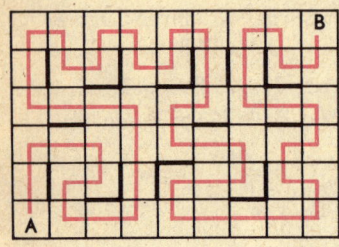

unten:

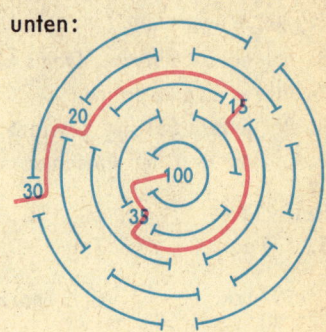

Stufe 3 · Spiel und Spaß

Seite 60

Mitte: 1. c3 – d4; 2. a1 – c3 – e5; 3. b1 – d3 – d5 – f5;
4. a4 – c4 – e4 – e6; 5. c1 – e3; 6. d1 – d3 – d5; 7. a3 – c5;
8. a2 – c4 – c6; 9. b4 – d6 – f6; 10. b2 – b4 – d6; 11. b3 – d1 – d3 – f3;
12. c2 – e2 – e4; 13. d2 – f4.

Seite 61

1. (2) nach 5, (1) nach 6, (8) nach 2, (2) nach 1, (1) nach 5, (3) nach 6,
   (6) nach 7, (4) nach 8, (7) nach 4, (8) nach 3, (3) nach 2, (6) nach 6,
   (4) nach 7, (7) nach 8, (8) nach 4, (4) nach 3, (7) nach 7, (8) nach 8,
   (4) nach 4, (3) nach 3, (2) nach 2, (1) nach 1.

4.

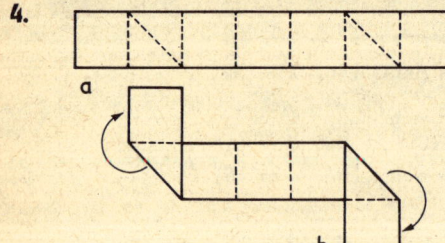

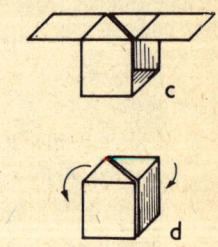